质量简史

林雪萍　著

上海交通大学出版社
SHANGHAI JIAO TONG UNIVERSITY PRESS

内容提要

　　本书以制造业发展为背景,采用时间轴的方式,重点阐述百年以来质量理念的变迁路径,展现了质量管理形成科学体系并逐渐成为全民关注焦点的过程。本书参考了多部质量理论的经典著作,介绍了多位质量管理专家及其理论内容,并结合作者积累的产业观察经验与典型案例,对质量管理提出见解。随着质量意识逐渐深入人心,本书既是一本科普性读物,满足广大读者的关注,也是对企业家发出的友善呼吁,为中国质量的发展提供借鉴。

图书在版编目（CIP）数据

　　质量简史/林雪萍著. —上海：上海交通大学出
版社，2022.11
　　ISBN 978 - 7 - 313 - 27168 - 6

　　Ⅰ．①质…　Ⅱ．①林… 　Ⅲ．①企业管理−质量管理−
历史−世界 　Ⅳ．①F279.1

　　中国版本图书馆 CIP 数据核字（2022）第 135629 号

质量简史
ZHILIANG JIANSHI

著　　者：林雪萍
出版发行：上海交通大学出版社　　　　　地　　址：上海市番禺路 951 号
邮政编码：200030　　　　　　　　　　　电　　话：021 - 64071208
印　　制：上海颛辉印刷厂有限公司　　　经　　销：全国新华书店
开　　本：710 mm×1000 mm　1/16　　印　　张：17.25
字　　数：186 千字
版　　次：2022 年 11 月第 1 版　　　　　印　　次：2022 年 11 月第 1 次印刷
书　　号：ISBN 978 - 7 - 313 - 27168 - 6
定　　价：89.00 元

序 / Preface

这本书的诞生纯粹是意外。在笔者为探究企业质量创新战略而撰写《新质量思维》一书，四处寻找质量理论的线索之时，这本书的内容先行从脑海中跳出跃然纸上。

阅读各种质量理论的书，是一件快事。就像阳春三月乘高铁南下，两边风景刷刷飞过，让人心情愉快。那些影响深远的质量大师们各有风格，且听他们娓娓道来。其中既有朱兰严谨壮观的《朱兰质量手册》、克劳士比诙谐易懂的质量语言，也有戴明直逼人心的质量理念，还有费根鲍姆的"全面质量管理"、石川馨的"十八般武器"和"质量圈"，以及刘源张诙谐直率的观察。就像是看一部历史剧，英雄豪杰们依次登场，各有独到的见解和领悟。随时读来，随时痛快。

大师们的质量理论往往都是自成体系的，就像一座一座山峰，各自肃穆巍然，一入即为洞天，别无他念。但有时候也难免会觉得不过瘾：如果把它们都放在一起，相互之间呈现何种关系？如果再把这些理论穿插在制造变迁的洪流中，又会是何种景象？

这个时候才发现，还真是缺少能将各种质量理论串联起来的一本书。而且，质量不是"独行侠"，它是一直伴随在制造身边的"带剑侍卫"。换言之，谈论任何一种质量理论的诞生，其实都无法脱离当时的制造形态。

而质量理论，也需要随着制造技术的发展，反复迭代和更新。这也是为什么《朱兰质量手册》作为质量界最具进化精神的图书，已经出版了第七版。

在工业发展的历史上，没有一个工业主题能够像质量主题这样令人着迷。质量具有典型的两面性，既有工程科学综合性的实践特征，又有管理理念多元化的艺术气质。前者让制造工程师孜孜不倦寻求最好的质量境界，后者则让企业家乐于探索，进而带动整个组织参与质量世界。

从克劳士比惊世骇俗的《质量免费》一书开始，质量变成了一门明确的金钱语言。但对于这样一门语言的使用，各个企业展开的方式并不相同：有的管理者将质量看成是一种投入，有的管理者将质量看成是一种减少亏损的方法，还有的管理者则把它看成是一门创新的战略——通过创新质量方式，使得质量具有捕获客户满意度的魅力。可以说，同样是"质量战略"，有的企业让它变成了防守的艺术，少数企业则让它变成进攻的工具。

本书制造为背景，描述了现代质量理念的变迁，从而试图回答：在看上去简单的质量面纱背后，为何会呈现出如此多样化的面孔？这也是一次试图看穿质量"变戏法"的实验性尝试。本书并不打算描述质量理论本身——这样的书可以找到很多，也无意去评价质量理论之间的优劣——这样做往往是极不明智的。作为一本"简史"，本书希望激发读者对于质量的兴趣，注意到质量与制造之间那密不可分的纽带关系，理解质量管理其实事关你我他、事关每一个人。

本书勾勒了一条质量理念与社会背景交织发展的时间轴。1920年前后，泰勒科学管理理论成为现代大工业生产一个至关重要的序曲，梅奥人本主义理论与其分立。而就在那个时候，德国制造在老牌工业帝国的眼皮子底下开始崛起。质量，就是在这种状态中冉冉升腾出来的。

从 1920 年到 1949 年，是曲高和寡的数学学科在车间锐意进取的三十年。数学科学就像探照灯一样，照亮了车间的每一个角落。统计科学与制造工程的结合，让质量缺陷暴露在数学精确计算的世界之中。在这一时期，美国作为全球制造大国形成了军工复合体的工业体制，对质量理念发展有重要影响。

1950 年到 1979 年，"质量明星"无疑是日本和德国。日本凭借质量崛起，再次展现了质量所拥有的宏大力量。与此同时，德国工业设计正在以另外一种方式，形成了德国特有的质量特色。二战后日本和德国的制造业几乎都是在废墟上快速崛起，这让人们意识到高超的制造能力似乎并不借助于物质基础。在追求卓越质量的生产过程中，人们对于质量理念的执着，足以弥补物质基础的缺乏。

在指导制造现场进步的过程中，很多质量研究者的个人想法起到了意想不到的杠杆作用。质量就像一部舞台剧，需要明星效应来激活。质量意识其实藏在每个人的心中，只有在感受到共鸣的时候，它们才会被激发出来。1980 年到 1989 年，涌现出了一批质量大师的辉煌成就，见证了那个质量群星闪耀的时代。有了质量大师的理论，使得工厂枯燥的计算方式变得生动起来。更为重要的是，企业家们听到了多样有趣的关于质量的争议，也纷纷加入质量讨论和实践的序列，这让质量最终成为企业全员参与的话题。

质量还有更大的溢出效应。如果说制造是严谨单调的流程，那么质量就是冰冷乏味的数据。那些走进工厂仔细观察的理论研究者们，则以敏锐的视角、热情的赞颂和活泼的语言，使得质量的主题走出车间，成为一个社会话题，广泛地激发了人们的情绪和好奇心。机器的轰鸣成为一首吸引人们广泛传播的旋律，工厂里的制造者不再是"孤单"的。这是质量大师们的贡献。

从 1990 年到 1999 年，全球化的要素已经开始有条不紊地运转。质量体系和标准也变得愈发成熟，展示了质量能适应不同国家和地区的国际化姿态。中国在 2001 年加入世界贸易组织，是这场质量大戏的华彩乐章。从 2000 年到 2014 年，"中国制造"为制造提供了大量的工厂基地，众多质量理论在这里生根、发芽，制造的机器变得越来越成熟。

2015 年德国提出的"工业 4.0"，引燃了全球制造的全新热情。数字化技术给质量带来了全新的特征，印象令人深刻——尽管这些特征还并没有成为一套系统的质量理论，但就像看见火山爆发前四处冒气的山石，人们已经知道重大事情即将发生了。

当展开社会发展的画卷，到处都可见质量理念留下的痕迹。期待本书留下的时间刻度能为读者提供小憩的驿站，在此继续探索质量理论的旅途。

本书尽可能还原质量的历史真面目。在写作过程中，笔者找到了市面上的七十多本著作，翻阅了数百篇文献，希望它们佐证本书的说法。但在质量大师们的各种理论和具有一线丰富经验的质量从业者的实践面前，笔者的视野与经验显得十分有限。在忙于校勘记载中的一些历史误会之时，自己可能因一不小心而成为错误的一部分。虽然很多质量理论也可以适合服务行业、政府机构、医院等单位，不过本书的重点集中在工业领域，因此无法对所有行业的质量理论和效果做出全面评估，这导致部分精彩理论的缺失，在此向读者道歉。

在百年质量历史的回眸中，可以觉悟到质量具有退化的特性。它会在不知不觉中走向恶化，而不是保持人们所期望的原状。保持或者提高质量的工作，是一项长期的事业。如此看来，对抗质量退化将不得不成为企业家的天职。这一点，有时被很多管理者所忽略。质量意识是企业家的必备修养，质量文化是企业家性格的应有特征。唯有企业家的质量意识领先，质量才能有希望提高。在这个意义上，本书或许应该成为企业家普及质量理念的一本基本读物。

2002 年，当时 98 岁高龄的质量大师朱兰被问到，"对当下刚刚从事质量事业的人士您有什么建议。"朱兰的答复是："祝贺你，你是幸运的。我认为质量的最好时机尚未到来。"[1] 这真是对质量事业的美好祝福。

现在，朱兰的祝福已经过去了二十年。质量的最好时机，可能已经到来。制造的现场往往是质量理论的"土壤"。中国已经成为全球制造基地，拥有最肥沃的"土质"。而在此基础上开放的质量理论之花，或将很快迎来绽放的美好时光。

于北京陶然亭

---

[1] 詹姆斯·埃文斯，威廉·林赛：《质量管理与卓越绩效》，中国质量协会编译，中国人民大学出版社，2016 年，前言第 4 页。

目录 / Contents

第一章

发现遥远的记忆（1920 年前）

历史是时代的见证、真理的火炬、记忆的生命、生活的老师和古人的使者。

——古罗马政治家、雄辩家马库斯·图留斯·西塞罗（Marcus Tullius Cicero）

第一节　物勒工名：工匠精神的背面

质量，是每个企业都需要面对的永恒话题。自从工业化大规模生产以来，质量成为制造最重要的伴生品。在 20 世纪的第二个十年，"汽车大王"亨利·福特（Henry Ford）在高地公园工厂建立了汽车流水线。这被认为是电气化时代的到来，推动了第二次工业革命的启程。从此之后，以人类重要的工业品——汽车作为引领，工业进入有条不紊的大规模生产时代。而质量管理则是摇曳多姿，不断呈现出令人惊讶的多面神态，一路进阶而来。

对于质量的认识是非常有必要的，它可以帮助人们更深地理解质量的本源。我们可以从第一次工业革命，以及更早的手工业时代找到质量的滥觞。

在手工业时代，产品基本是由工匠和作坊进行单件或者小批量生产。质量的定义，另有规则。直至今天，人们仍然会为国宝"四羊方尊"的工艺复杂度和精细程度发出赞叹。它是一个高质量的产品吗？毋庸置疑。以现代的质量规格来衡量，它满足了哪些规格？没有。这影响了它的用户价值（不单纯是文化、艺术和考古价值）吗？没有。作为一个单件生产、由匠人负责制作的产品，"四羊方尊"并不需要去满足一些质量标准或者产品规格的要求。即便仍然存在某些规格上的偏差或者瑕疵，也掩盖不了它的复杂造型呈现出来的艺术之美。正所谓"瑕不掩瑜"，作为一个酒器或者礼器，质量就体现在复杂的造型工艺上。

手工业产品质量的另一个特点是匠人负责制。中国古时就有"物勒工名"的说法，指的就是物品上刻有工匠的名字，听上去像是对工匠精神的一种褒赞。这种早在春秋时期就开始出现的制度，可以方便其他人检验产品质量。《吕氏春秋》中的这个记载，表明了中国古代对兵器的严苛管理。兵器上雕刻的名字，就是责任人。1974年西安兵马俑出土的兵器，基本都是同样的品质表现。然而，这背后不是工匠的喜悦，而是匠人的泪水。古时秦国的法律对失职者的惩罚是非常严酷的。这意味着，此四个字的真正意图，就是要进行惩罚。最早记载中国质量管理制度的《礼记·月令》中的表述值得注意："必功致为上。物勒工名，以考其诚，工有不当，必行其罪，以穷其情。"至此，这四个字已经更像是一种恐吓了。晋代时将这种官办工业的做法推广到民用品，凡是制造漆器都要用优质原料，按一定规格生产，然后用朱砂调漆勒写制造的日期、生产者姓名和地址，否则不允许出售。南京明城墙的古砖上都刻有工匠名字和籍贯。可以说，这些看上去是工匠精神的标记，其实是恐惧的缩影。一个工匠未必因为产品好而获得奖励，却可能因为产品品质差而受到惩罚。质量，第一次呈现出了两面性。

在西方匠人发达的手工业时代，制作者也会在产品上刻上名字，这是商贸发达的标记，也是给技术高超匠人的激励。彼时，保证物件质量的方法，不是靠规格，而是靠名字。这也是一种衡量质量的规则。当这些工匠的身影逐渐远逝、工业时代的工厂开始活跃起来的时候，工匠在物品上留下的名字，也逐渐发展成为一种商品品牌。

工匠的信用，就是当时的质量证书。不出错，可以保证工匠的生存；品质优良，会让生意源源不断，这是质量最早的精神要义。技术娴熟的手工艺人，本身既是产品制造者，又是产品检验员，也是与顾客直接打交道的销售人员、老面孔——见物如人。这三重身份，将工匠个人饭碗与产品质量紧密地绑定在一起。制造者自然会竭尽全力来保护产品的质量，这本身就是在保护自己的声誉。工匠精神，就是在此背景下诞生，并且依附于这种环境。在欧洲中世纪的时候，由师傅、徒弟、商人等为主体的同行，形成了行会，确保了这些手工艺人群体长期存在，生生不息。

随着第一次工业革命的到来，以作坊为主体的工匠群体，被更有效率的工厂取代。制造者与顾客之间，开始有了各种间隔。谁在生产、谁在消费都变得不再重要，行会的作用也开始转向知识服务。工厂以组织的整体效力来发挥作用，一个工匠不过只是其中一个齿轮而已，三重身份变为了一种。这种情况下，工匠精神也很难再对质量担负更高的责任，它只能在有限的工厂范围内，发挥着有限的作用；与此同时，工匠精神也开始逐渐模糊，形成一种精神文化，在更广阔的层面呈现出激励人性的光泽。

第二节　工业革命不能只靠"瓦特"

在手工业时代，很多产品不用测量。好用、够用，就可以。例如，凭借感官制造宝剑，靠弹击听声音，发出如虎啸龙吟之声，便是一把好剑。但这种手工艺时代的主观印象评判方式，在第一次工业革命之后开始变得不可靠。而且，对于机器生产出来的产品，这种评判毫无效率。

作为第一次工业革命的标志性人物，英国发明家詹姆斯·瓦特（James Watt）被载入史册。他在 1776 年制造出的第一台真正有实用价值的蒸汽机，经过不断改进后，成了"万能的原动机"。彼时英国正是发明家的天堂，随之颁布的知识产权保护制度，则让发明者尽享第一创造者的利润，一如源源不断的香甜蜂蜜。但是，当瓦特蒸汽机带着澎湃动力逐渐走进工厂的时候，一个新的问题出现了。机器在生产零部件的时候，如何能够实现如同钟表计时一样准确的精度？这样，不同的零部件，才有保障可以被严丝合缝地安装在一起。

人们很快就注意到，能源动力不是工业革命的唯一主角，还有一个关键的隐形英雄，那就是：测量。

精度的测量，是由号称"机床之父"的英国金属奇才亨利·莫兹利（Henry Maudslay）解决的。他发明了全机械自动化的车床，这是一种全铁的车床。相对于其他木头材料的车床，全铁意味着稳定，而稳定则代表了精确。他为最早服务的锁具东家制造了精妙的生产机床。当时，锁不仅仅寓意安全，而且象征着财富。上流社会的富豪们，已经开始广泛使用各种锁来保护自己的家产。一把复杂的锁需要大约一百个不同的零部件相互嵌合，这就需要精确的机器。锁，应该是人类第一种需要大量精密生产的装置。在需要保护好财富的精英阶层推动下，锁具生产诱发了对精度的需要，于是，精度检测开始登场。用测量仪器进行计量，其价值并不次于蒸汽机的动力。二者的关系，就像火枪里的弹药和瞄准器。它们改变了"一次只能做一个"的手工方式，让产品有了批量生产的可能。

莫兹利的精度始于螺丝、螺母和丝杠，进而发明了测微计。这应该是人类工业历史上最早的精准计量仪表。另外，它有个名副其实的名称，叫做"大法官"。这个"大法官"消除了公差的平均值，让每一产品都精准无比。由于"大法官"能够测量微小的增量，从而给当时蓬勃发展的机器发明热潮提供了精准的测量体系。机器生产开始走向稳定、精确和高效。

在第一次工业革命中，动力与测量之间形成了坚实的伙伴关系，这是一个指向未来的寓言。没有动力就没有效率，没有测量就没有精密。现代化的质量种子，在此孕育萌芽，破土而出。

实际上，质量把控正在通过测量变成一个显性的岗位。这让检验成为质量的终身随从，检验部门也成了工厂的标配。生产组织者进而创造了独立的质量部门，检验是这些质量控制部门的主要责任。随着生产效率越来越高，故障产品越来越多，于是检验人员的队伍也开始变得庞大起来。在这个质检不断膨胀的过程中产生了一种意外的脱钩效应。这表现在负责质量的责任人，与生产工人之间产生了前后工序的分离。这个物理的距离，进而成了思维的鸿沟。生产工人忙于生产更多的部件，质检人员忙于检验质量。各忙各的，少有人对于质量不过关的原因进行完整的思考。火上浇油的是，管理者在生产部门和质检部门之间，分别采用了不同的标准进行激励，这实际上加速了质量管理的分裂。

第三节　互换性和可靠性的百年基因

在第一次工业革命时代，对零部件"互换性"的迫切需求，首先出现在国防军工行业。当时，士兵的长枪是手工制造的。一枪一造，不同的人造出来的枪也不一样。不仅制造费时费力，而且在战场上使用的时候也难以维修。有时候只是其中一个零部件坏了，可能整枝枪就报废了。在1800年前后，从事纺织机械的伊莱·惠特尼（Eli Whitney）提出了"可互换零件"的概念，这大大加快了枪械的制造步伐。这是一个对质量科学发展有着深远影响的概念，200多年之后，这个概念依然像刚刚扣动的扳机之声，清脆环绕于制造界。

惠特尼是一位发明家、机械工程师和机械制造商，他发明了轧花机，还联合发明了铣床。在美国可能与法国开战之际，受美国政府的委托，惠特尼需要为美军供应10 000至15 000枝步枪。他按照枪支零件的尺寸设计出一套专门器械和流程，能让一般工人操作这些器械，分工生产不同的步枪零件。

用这种工艺流程生产出来的零件尺寸及公差均一，任何零件皆能适用于任意一枝同型号的步枪，只要将它们组装起来，便可以成为一枝完整的步枪。不过，惠特尼对军火生产并不是非常热心，他把主要精力投放在了市场行情愈发看好的轧花机的生产和推广上，甚至为了轧花机生意而屡屡拖延军火的交付。直到后来为了改善与政府官员的关系，惠特尼将政府代表请来进行可互换零件的展示。他在观众面前把一些已造好的枪支全部拆散，然后随便用从中取出的零件组成了一枝完全可用的步枪。而当时流行的工艺是，每一枝枪从头至尾皆由一位工匠打造，同型号的每一枝枪的零件都无法互换。惠特尼的创新表现让在场的政府代表佩服不已。

工程师的创新在当时的美国是大受欢迎的。惠特尼的可互换性以戏剧化的方式，引起了人们对质量的注意。惠特尼为此设计了专门的机床，培训那些不熟练的工人按照图纸来生产零部件，然后对照样品进行测量。[1] 然而，制造现场是无情的，到处都是看不见的干扰。抛却人的因素，材料成本、空气、温度、粉尘都可能是看不见的质量的敌人。向它们宣战，就是一场质量闹剧。生产过程中的各种影响因素，绝不是仅依靠惠特尼的天才大脑就能解决的。后来，惠特尼并没有如期完成军方的一万枝步枪的订单。直到 1827 年，美国哈珀斯·费里（Harpers Ferry）兵工厂才真正实现零件互换性——从零件盒里随机挑选的零部件，可以组

---

[1] 詹姆斯·埃文斯、威廉·林赛：《质量管理与卓越绩效》，中国质量协会编译，中国人民大学出版社，2016 年，第 11 页。

装成一枝枪①。尽管如此，零件互换性的精髓，还有一条漫长的世纪隧道需要穿越。

惠特尼的制造，失败了。但他在制造过程中所笃信的互换性概念，于世有益。规模化制造与质量体系的关系，如同暗室的窗户突然打开，外面的光线照亮了整个房间。互换性，成为今后质量的一个重要萌芽。而真正将互换性变成屹立的灯塔，则是由美国马萨诸塞州的斯普林菲尔德军工厂（Spring field Armory）实现的。让人吃惊的不是那里出品的枪支，而是它的制造方式。经过严格的标准化，部件可以相互替换，这是在1851年英国伦敦第一届世界博览会上展览的美国产品，给人们留下的深刻印象。这引起了当时仍然是制造帝国的英国的注意，并将这种"高可替换性零部件"的制造新方法，命名为"美国制造系统"②。这一方法如同在黑暗中擦燃了火柴，点亮了人们的心智。

产品的可靠性，也是质量之本。受到法国大革命的惊吓，一批法国科学家和贵族逃难到美国。这其中就有化学家皮埃尔·杜邦（Pierre S. du Pont），他所建立的杜邦企业，给美国炸药行业带来的不仅是黑火药，还有产品质量的稳定性。杜邦火药是可靠的，想让它爆炸就爆炸，不想让它爆炸就不爆炸。无论是战争年代，还是在和平时期，这一点特性很重要。杜邦提供的炸药被安全地广泛用于开荒，连美国第三任总统都写信感谢。

---

① 约拉姆·科伦：《全球化制造革命》，倪军等译，机械工业出版社，2015年，第81页。
② 肯尼斯·霍博、威廉·霍博：《清教徒的礼物》，人民东方出版社，丁丹译，2016年，第73页。

美国制造体系得以确立，根基就是"互换性"的大规模制造，而它的副产品是"稳定的质量"。这就自然地回答了"工业化何以大规模化"的问题。其中，军用武器影响巨大，这也开启了军方深刻影响工业的传统，它一直在延续这样的故事。大规模、无差异性的产品，最初为有着相同组织、相同纪律、相同目标的军人所需要。军队经常是第一个对标准化制造有需求的机构，以它对高成本的容忍，引领了产品度过早期不成熟的阶段。而后，民用品才能开始入场，并且以更大的规模经济来造福社会。无论是在晶体管，还是在工业软件领域，这种现象都屡见不鲜。国防军品，是民用工业品大楼的门前走廊，而且往往是必经通道。

质量，以"互换性"和"可靠性"的形态，经历了曲折的路程，第一次呈现出自己的受人喜爱的尊容。而在后面漫长的制造岁月中，事实证明了质量是一个善于遮掩面纱的天使。业界的视野还需要经历更多的锤炼，才能看清楚多样化的质量面孔。

第四节　耻辱标签的背后

所有向英国出口的产品，都必须贴上制造国的标签，才能在英国上架销售。这个看似平静和公平的法案，其实是专门针对德国的，这是1887 年英国议会通过修改后的《商品标注法》（Merchandise Marks Act）。该法案一针见血地指出，一些外国制造商生产低质的产品，却使用了英国制造商的知名品牌标志。这些低质产品大部分来自德国，英国政府采取保护主义立场，通过立法来阻止外国商品进入他们国家从而保护民族工业。

彼时刚刚完成统一的德国，正在努力向英国和法国的工业学习。模仿，是重要的手段之一，这是工业化起步者必然要经过的道路。引起英国官员愤怒的是来自德国的刀具。当时，英国的城市谢菲尔德（Sheffield）是刀具之都，以其名称作为商标的高端刀具是英国国宝级产品。其早在14世纪就以生产刀片出名，伴随着工业革命，谢菲尔德的技术工艺得以迅速改进。1740年左右发明的坩埚钢更结实而且成本更低，让它的刀具质量领先全世界。但在19世纪下半叶的时候，德国索林根（Solingen）地区出产的刀具，开始仿冒谢菲尔德刀具，价格便宜，造成了市场的混乱，对正品冲击严重。德国企业不仅模仿了英国的刀具技术，还将德国本土制造的刀具运送到英国，再冒充英国产品向全球销售。而以制造克虏伯大炮而闻名于世的德国军火大王阿尔弗雷德·克虏伯（Alfried Krupp）本人，经常出没英国，化名进入英国社会，刺探被严格保密的钢铁生产过程。

英国刀具行业大受损失，而这只不过是冲击波的一个浪花而已。除了谢菲尔德刀具以外，英国还有很多其他产品存在被德国仿冒的现象。看上去，劣币似乎正在驱逐良币，在大规模的工业化时代，变得空前扎眼。这类问题让英国人非常恼怒，甚至连德国本国人士都觉得过分。1876年，在美国费城举行的世界博览会上，德制产品被一位来自德国的机械工程学家、"机构动力学之父"弗朗茨·勒洛（Franz Reuleaux）评价为质量粗劣、价格低廉、假冒伪劣。作为机械领域的学术权威，弗朗茨对德国机械产品的质量有着重大的影响。这个毫不留情的评论，在当时也成为德国产业界的痛。

英国当时通过的《商品标注法》反映了一种普遍存在的印象。这种印象在英、法及美国的各界人士的心目中存在多年。德国常见的人名弗里茨（Fritz）一度成为英语中一个专门形容劣质德国货的外来词。彼时，德国产品被要求必须打上"德国制造"的标志，以防止与英国高档工业品混为一谈。这个耻辱的标签，需要一场质量复兴来摘下。

但是，德国质量复兴并不是从 1887 年才开始。在此之前，德国质量已经开始快速成长，而且呈现了不同于英美道路的趋势。德国当时处于英美体系的挑战者角色，尽管它日后与英美道路有所融合，但独有的特色却早已铸就。德国经济学家弗里德里希·李斯特（Friedrich Liszt），1841 年在其代表作《政治经济学的国民体系》一书中，集中阐释了"实业立国"的理念，希望当时还主要以农业为主的德意志诸邦国避免沦为其他发达国家倾销廉价工业品的销售市场，而要通过建立独立的工业体系走向富强。他将工业视为一个国家创造财富的根基与源泉，可以使自然资源转化为生产资本。"后进国家"只有建立起本国独立的工业制造业体系，才有可能赶超发达工业国，也才有可能在国际市场上同其他国家"同台竞技"。[①] 这种理论对于德国工业的发展，影响深远。从 1886 年起，英国世界第一粗钢产量大国的地位就已经被美国超越，1893 年又被德国

---

① 赵柯：《工业竞争力、资本账户开放与货币国际化——德国马克的国际化为什么比日元成功》，《世界经济与政治》，2013 年第 12 期，第 153 页。

超越而位居第三。1870年，德国的工业生产总值已经超过法国，占世界的13.2%。从1870年到1913年，德国的工业生产增长4.3倍，每年平均增长3.9%。这种速度虽然比日本、美国低，但却比英、法等欧洲若干国家高。到第一次世界大战前夕，德国已经在新技术成就的基础上建立起比较完整的工业体系，工业生产总值已经超过英国（1913年德国占世界工业生产总值的15.7%，英国占14%），成为仅次于美国的资本主义工业强国。① 世界制造业的格局，已经转变。而在质量方面，大量德国企业已经帅先百国。那位给予差评的德国机械大师弗朗茨·勒洛，正是其中的引路人。他的另外一句话，"征服世界市场，不能靠廉价的商品，必须有上乘的质量"，这是德国制造的逞雄所在。至今在家用电梯奢侈品之列的"弗朗茨（FRANZ）"品牌，正是在1905年更改为这个名字，遵循大师的质量要求。而日本松下电器在2015年推出的首款三角形扫地机器人"RULO"，也是向这位大师为工程应用而发明的勒洛三角形致敬。

"德国制造"被当作耻辱的标签，其实是德国制造业在追赶英国的关头所遭受的谩骂和羞辱。在被打上"德国制造"标签约10年后，德国已经可以开始用真正高质量、德国生产的商品占领英国市场。1896年，曾任英国首相的罗斯伯里伯爵痛心疾首呼吁："德国让我感到恐惧，德国把所有的一切……做成绝对的完美。我们超过德国了吗？刚好相反，我们

---

① 林进成：《德国工业化道路的一些特点》，《世界历史》，1982年第5期，第19页。

落后了。"① 很多德国商品甚至让英国消费者放弃了对本国商品的热衷。英国人认识到许多德国商品是他们日常生活中必不可少的，这些德国产品质量也不再存在问题，而且物美价廉。1897年，当时英国的殖民地事务部大臣，也是后来英国首相张伯伦之父约瑟夫·张伯伦（Joseph Chamberlain）在他的考察报告中对德国产品给予高度评价。"德国制造"这个曾经的耻辱印记，正在变成人见人爱的金字招牌。②

质量，是德国与英国双方交手的武器。而后发者的德国，在这场交锋中占据了上风。质量成为产品的战场。

第五节　德国质量的两大旋律

质量战争伴随着两个角色。

首先登场的，是德国工人。这无疑是德国挑战英国的质量战场上的优秀士兵。

支撑德国工人兵团的是培养技工的学徒制体系，以及它所隐含的工匠精神。它在日后被人为地打造成一种文化，将成为德国制造体系的标签。它在发展过程中，其实也是经历了反复。昔日，欧洲强大的行会组

---

① 徐春辉.《德国"工匠精神"的发展进程、基本特征与原因追溯》,《职业技术教育》,2017年第7期,第75页。
② 芮虎:《德国制造　也从"山寨"起家》,《今日民航》,2013年第1期,第76页。

织推崇工匠精神，并肯定了学徒制为基础的作坊或者是工作室。但是，在第一次工业革命后，被认为是"工匠精神"庇护所的学徒制度，受到了巨大的冲击。收入微薄的学徒，经常会离开作坊去工厂打工，而心事重重的师傅则只能把学徒当成廉价劳动力来压榨。两者长久合作的师徒关系荡然无存，技能的传承开始变成一件"教会徒弟饿死师傅"的危险事情。这意味着，作坊已经丧失了培养工匠的名分。而在工厂端，工匠精神也被弱化。工厂强调专业分工，匠人不过是分工合作的一个环节。产品的好坏跟个体并无直接联系，这使得工匠精神也开始受到削弱。在1871年，德国干脆废除了行会学徒制度，而走向通过贸易保护的政策，扶植以劳动密集型为主的出口型经济。学徒制就此崩塌。

但挽救错误的时间，并不需要太长。1885年，工商进修学校管理权由德国文化部移至贸易部，工商职业教育成为经济政策的一部分[①]。通过把进修学校与工商职业技术教育并轨，实践教育得以补充，手工业者及工人的技能培训得以强化。这个培养力度是惊人的。此后的二十年中，德国对职业教育的支出大幅增长，义务制进修学校的数量和学员人数都快速上升。到处都是技能型人才。1897年，《手工业保护法》颁布并生效。德国重新建立了现代型的手工业行会，将学徒制度作为一种竞争力，鼓励作坊型中小型企业发展。隐形冠军的种子，在这里已悄然播种。

---

① 李超：《德国职业教育历史源起与勃兴——以19世纪为考察对象》，《黑龙江高教研究》，2016年第12期，第62页。

学徒制，失而复得。

推行统一的培训标准及职业资格考核制度使现代德国工人培养模式初现雏形。而贸易部在 1907 年推动了一项法案，要在超过一万人的城市建立技校，通过技能培训让工人在社会上立足。这些都让德国制造的质量，有了坚如磐石的守护神。在机器生产的现场，操作技工是否受过专业化的培训，对质量有着关键影响。

第一次世界大战中德国战败，德国在艰难地恢复国际市场份额的过程中，也逐渐确立了自己的优势：德国制造不在于大规模生产，而在于技术工人的人力质量资源。在这一理念的指引下，学徒制度被拓展到所有行业。而工会在 400 多个行业里也有严格的规定：工人必须通过学徒制才能被企业聘用，而且薪水可观。德国的蓝领工人平均工资远高于英、法、美、日等国家。而高水准的工资，显然有助于提高产品的质量。远在美国的福特汽车公司，开始大幅度提高工人的日薪，不仅仅培养了一个可以消费得起汽车的阶层，也印证了工人收入与质量保障的同步效应。

德国可谓是一个工程师治国的国家，一直有着根深蒂固的工程师情结。[1] 德国技师教育在全球独一无二，美国即使极力模仿也无法习得其秘法。源自一个多世纪前的传统是不易被随意模仿的。在 19 世纪末，德国工程师往往会担任高级别的工业管理职位，享受高层的社会地位，很

---

[1] 肯尼斯·霍博、威廉·霍博：《清教徒的礼物》，人民东方出版社，丁丹译，2016 年，第 51 页。

多家长乐意把女儿嫁给工程师，这是社会地位的试金石。而在美国和英国，工程师从未获得过如此高的社会地位，那些桂冠几乎都属于管理者。

德国的学徒制和后来名扬天下的双元制①，为德国培养了坚不可摧的劳动大军。高素质的工人队伍，成为德国制造的质量基石。

这段致敬体力劳动的乐章，经常会掩盖另外一段事关脑力劳动的副歌旋律。这也是德国质量发展历史上最容易被忽略的一个角色：工业设计。1907 年，德国第一个设计组织德意志制造联盟（Deutscher Werkburd）成立。它是德国现代主义设计的基石，不应在德国质量成长史的记忆中被忘记。

德意志制造联盟，是由企业家、艺术家和技术人员组成的全国性组织，旨在帮助德国工业制品的质量达到国际水平。艺术、工业和手工艺的结合，使这一奇特的人才混合型机构为德国质量开辟了新通道：提高设计水平，设计优良产品。

1914 年，联盟内部发生了设计界理论权威赫尔曼·穆特休斯（Hermann Muthesius）和著名设计师亨利·凡·德·威尔德（Henry Van de Velde）关于标准化问题的论战，史称"科隆论战"。前者以有力的论证说明，现代工业设计必须建立在大工业文明的基础上，而批量生产的机械产品必然要采取标准化的生产方式，在此前提下才能谈及风格和趣味问

---

① 双元制，指的是以企业为主导的校企合作办学机制——即学校与企业在政府与行业的监督下联合办学，合作培养技能型人才的职业教育制度。受教育者在学校内是学生、在行业内是学徒，在学校和企业"两地"活动，具有"双重"学习身份。

题。而后者则认为设计作为一种艺术活动，应该不受约束地自由发挥。

"科隆论战"的实质是，在工业化的时代，如何处理好类型与个性的矛盾。工业化大生产有抹杀个性化需求的倾向，但艺术个性化表达作为人类的天性，无法接受工业化的整齐划一。论战并没有表明哪一方取得了压倒性优势，但却成为现代工业设计史上第一次具有国际影响的论战。设计作为改善产品的一种重要手段，也是德国制造富有特色的标签之一。

1919 年，德意志制造联盟中著名的设计师彼得·贝伦斯（Peter Behrens）的学生，创立了包豪斯设计学院。以此命名的包豪斯流派继承了德意志制造同盟的设计理念，成了此后世界上最重要的设计流派之一，影响到建筑、家居、广告出版等行业。"包豪斯"是德语"Bauhaus"的译音，由德语"Hausbau"（房屋建筑）一词倒置而成。它致力于寻找艺术与工业化之间的调和，达到艺术与技术的统一。设计的核心，被看成"解决问题"，而设计师需要"向死的机械产品注入灵魂"。

工业设计初期奉行的是为权贵阶层服务的精英主义。正是德意志制造联盟和包豪斯所引领的德国现代主义设计运动，让工业设计成为大众服务的活动，更好地让大工业和批量生产为大众产生价值。它的核心是理性主义和功能主义，强调功能大于形式，形式追随功能。那么，工业设计与产品设计的区别是什么？可以说，工业设计旨在引导工业创新，促发商业成功及提供更好质量的生活。工业设计高于产品设计，而产品设计贯彻工业设计。

至此，德国工业设计已经相对成熟。此后，它在大工业生产时代大放异彩。对工人的技能培训、对于设计的重视，都意味着德国质量已经走在一条截然不同的道路上。

第六节　用国王的胳膊来计量

就在《商品标注法》修改案通过的同一年，德国质量史上发生了另外一个大事件。德国西门子公司的创始人和其他科学家们，共同推动了德国联邦物理技术研究院（Physikalisch-Technische Bundesanstalt，PTB，原称"帝国物理技术研究所"）于 1887 年正式成立。该研究院购买了大量精密测量仪器，以敦促基础学科和计量学科的研究。它推动了往后德国制造质量的发展，也在事实上促成了发达的德国测量产业。当德国制造的高质量享誉全球的时候，它的测量设备、仪表厂家也成为全球高精密测量行业的佼佼者，质量与测量二者有着不可分割的联系。

计量秩序的确立已经在欧洲形成共识，德国其实并不算早。法国引领的科学与民主的革命，可以计为头功。

在中世纪的时候，计量的基准可以很随意。比如，英格兰的长度计量单位，有可能以一个国王伸开胳膊从鼻尖到指尖的长度为 1 码，也有国王把拇指关节之间的长度定为 1 寸。到了 18 世纪下半叶，探索科学的浪潮开始席卷一切宗教的愚昧和王权的显赫。科学与理性，从此开始回归社会。法国大革命燃烧的火焰，吞噬了众多的贵族以及革命者本身，但也带来了计量的光明。1791 年，法国度量衡改革委员会，以地球为基准，将经过巴黎的子午线上赤道到北极的距离的千万分之一，定义为长度基本单位"米"。在此基础上也推出了面积、体积、质量的单位，如以 1 立方分米的纯水在 4 摄氏度时的质量作为 1 公斤。这种全面以米为基础的全套计量制度，被命名为"米制"，也称"公制"。这个度量衡改革委员会的组成人员星光璨烂，拉普拉斯、拉瓦锡、玻尔达、拉格朗日、蒙日等日后能在数学方程式、理化课本上见到的科学家们，都聚集在度量衡的旗帜下，用科学的方法寻找一个国家度量事物的基石。这是一套系统性的看待世界基数并提供精准计量的方法。拿破仑则将这种"米制"扩大到他用武力所征服的国家。科学的真理之火，随着炮弹和刺刀，超越了国家的边界。

1875 年 5 月，国际《米制公约》成为一种公认的计量基础。法、德、美、俄、意等十七个国家都决定遵守《米制公约》，并决定在法国巴黎建立国际计量局。中国在 1977 年也加入国际《米制公约》组织。为了实现世界范围内的测量一致性，需要建立国际"米制"标准，保持标准原器。标准原器的制作也是煞费苦心，最初用铂杆，后来用铂铱合金作为米原尺。它就像奥运会上的雅典圣火一样，被储藏在巴黎档案室中。而它的复制单位，则分给各个国家，作为每一个国家的计量标准。后来，《米制公约》组织才改用光学测量的方式，来定义一米的长度。

发明了化学元素周期表的门捷列夫，此时也出现在这个舞台上。脾气暴躁的门捷列夫，一向被赞誉是科学秩序的完美形象。在他之前，从来没有科学家能够将接二连三发现的、看上去乱七八糟的化学元素，用如此优雅的纵横方格组合在一起，证明了地球上的各种元素，有着从未发现的周期律。在 1892 年，兴趣广泛的门捷列夫出任了当时俄国国家标准度量衡贮存库的库长。这本来是个枯燥的岗位，甚至可以说基本无事可做。俄国作为国际《米制公约》的缔约国，并无严格执行的意愿，而各个地区的标准也是各行其是。这位化学家用最后的人生岁月，为俄国彻底地统一了度量衡，以精准的计量为支点，撬动了标准化的大石，并且让俄国也顺利从农业国家走向工业化的彼岸。俄国的工业也在标准化的基础上，变得井井有条，快速发展成为工业大国。门捷列夫主导建设的度量衡总局，后来成为当今俄罗斯的国家科学中心"全俄门捷列夫计量科学研究院"。

当时，大清朝以"自强""求富"为口号所进行的洋务运动，正在走向尾声。它发展军工和民品的雄心，以及三十余年的成果，关键一刻都被甲午战争中的日本舰船撞得粉碎。罔顾社会土壤而推动的工业化运动，既不持久，也不可靠。随后登场的军阀混战，则开始在各自的势力地盘上，纷纷建立了自己的军工厂。民族工业开始以各种形式登场。

第二章

寻找制造的基石（1920—1949年）

生活就是变异。

——美国质量理论家威廉·爱德华·戴明
（William Edwards Deming）

第一节 女士品茶，无所事事的游戏？

20 世纪 20 年代，英国剑桥大学一群悠闲的科学家，被好客女主人的话题所吸引。女主人认为，将茶倒入牛奶，与把牛奶倒入茶，两种方式形成的口味是不同的。大家为这个想法着迷，于是打赌和盲测就开始了。戴维·萨尔斯伯格（David Salsburg）在《女士品茶：统计学如何变革了科学和生活》一书中记录了这个看似无所事事的下午。

牛奶里的茶沫有着微不足道的扩散张力，由此引发了现代科学殿堂的一次巨大的晃动。在此前一个世纪，人们相信"宇宙是按时钟前进的"，宇宙像听话的学生，严丝合缝地被牛顿定律、麦克斯韦电磁方程、波义尔气体定律等所统治。物理学家似乎揭开了所有的谜团，正如比尔·布莱森（Bill Bryson）在他的《万物简史》一书中给出的令人心旌摇曳的描述，"凡是能振荡的、能被加速的、能被干扰的、能被蒸馏的、能被化合的、能被称重量的，或者能被变成气体的，他们都做到了"[1]。

真是一个精确的世界，没有误差，或者说误差无关紧要。

唯一不能解释的就是光和能量在空气中传播的现象，它无法按照那些完美得令人窒息的既有定律来解释，这也是那些心满意足的科学家们最不愿意面对的一个角落。二十世纪钟声响起的时候，普朗克的量子理论和爱因斯坦的狭义相对论，都让科学家们意识到既有雄伟的殿堂之外，居然还有另外一个若隐若现的洞口。

那里是什么？还不知道。

爱因斯坦用统计力学敲开世纪大门，其中表示能量、质量与光速关系的方程式" $E=mc^2$ "，成为世界上最简洁最有力量的等式之一。按照布莱森的说法，这使地质学家和天文学家的视野一下子开阔了几十亿年[2]。爱因斯坦 1905 年的狭义相对论，加上 12 年之后更加宏大的广义相对论，两把火炬并举，照亮了未来一个世纪。宇宙的起源也被纳入进来了。

解决这些难以解释的问题，就需要更加精确的测量设备。但是这与当时既有的严谨的时钟秩序存在矛盾。确定性正在远离，不确定性逐渐突显。这个时候，以随机性、概率和统计为研究对象的科学，开始登场。它从繁杂的现象和乱麻一样的数据中，找出了隐藏在其中的秘诀，化不确定为确定。20 世纪 20 年代开始，统计学以势不可挡的趋势，重新修

---

① 比尔·布莱森：《万物简史》（彩图珍藏版），严维明、陈邕译，接力出版社，2007 年，第 121 页。
② 同上，第 126 页。

缮科学殿堂里的每一个角落，每一根既有的支柱都可能被打上了补丁。但在那个时候，统计学仍然只是少数人的专有武器：那是一个"统计学文盲"的时代。

在少数掌握了这些特殊工具，并愿意用来解释日常好奇心的科学家中，就有英国统计学教授罗纳德·费希尔（Ronald Fisher）。作为《女士品茶》一书的主角，他用统计学的眼光，非常认真地推演女士品茶的数学逻辑。不仅仅是他，还有一群前赴后继的科学家，愈战愈勇，并终于将充满了数学天性的统计学带入了科学的殿堂，现在已经根植于人们的日常生活中。人们有一种本能的厌恶混乱的情绪，只有在确认无误的逻辑下，才会感到心安。将不确定性转化为确定性，是一个将恐惧、黑暗、无知，引入到安心、明亮和洞见的过程。但统计学的意义，远远不只是用来安抚那些感到惊慌失措的心灵，对于追求效率的政府部门、企业管理层，运用统计学可以得心应手地决策。

美国农业部门率先发现了统计学的价值。费希尔发明了一种正交表，可以在一个实验中，对各种影响结果的因素进行优选。受农业部委托，他在农业试验站开始研究农作物科学高产的秘密。面对天气、水土、肥料、温度、灌溉等影响元素，哪一种组合在田地里才会高产呢？费希尔发现了一个全新的方法"试验设计"（Design of Experiment，DOE），用于检查各个因素可能的影响力。如果有了更好的设计，就可以寻找更好更优的结果。

费希尔的试验设计，无意中将科学家从小黑屋拉到了太阳广场。在此之前，做试验往往是科学家的神秘专利。科学家通常只公布结果，但并不公布试验过程。一向被人诟病的是，这些结果未必掺假，但有可能是精心选择过的数据。

而试验设计则不同，它要公开过程，或者说，这个过程才是真相的本身。费希尔根据农业试验站的工作成果，写成了《研究工作者的统计方法》——从书名就能看出，统计方法进入了研发领域。著名的试验设计法，实际上远远超越了农田的水稻，它大放异彩的地方将落脚在工厂里。作为一个直觉敏锐的天才数学家，费希尔几乎凭一己之力，建立了现代统计科学所需的各种数学基础。他的影响力横跨各个学科，生物学、社会学、化学、工业、农业等领域都可以用他的公式建立一套理解误差的模型[1]。统计学简直就像是数学炸弹，颠覆了人们对误差的认知。全社会的管理者，无论是哪个行业的，似乎都应该了解统计学，它会让决策者更好地把握不确定性。

据传言，19 世纪英国作家威尔斯（Herbert George Wells）说过："就像读和写的能力一样，将来有一天统计的思维会成为有效率的公民的必备能力。"这真是为统计学开了一个好头，全世界都在认同，都在为统计学欢欣鼓舞。只是可惜，威尔斯并没有说过这样的话。1979 年《数学史》杂志专门发表文章澄清了这件事情，威尔斯本人甚至都没有关注过统计学，更不要说热情拥戴，他原话说的是"对于有效率的公民而言，会计算、能思考平均数的能力，会跟读写一样，将成为必备能力"。

不过他是否真的说过这话，这不重要，质量史上屡有这样的以讹传

---

[1] 戴维·萨尔斯伯格：《女士品茶》，刘清山译，江西人民出版社，2016 年，第 9 页。

讹。都说真理是一个慢性子，当真理还在穿鞋子，谎言已经跑完半个地球。如果真理能以"谎言一般的鞋子"快速跑遍全球，这是不是也是可以接受的呢？

费希尔在研究农业站的肥料指数时发现了一个命题，天气差异和人造肥料这两者合力影响了当年的收成。但人们无法在实验中将两者从实验数据中分离出来，意味着这个农业站此前九十年的数据观测几乎是无价值的。每年的天气是系统性的，无法预测；而人造肥料是可设计的，但它的效果会被天气的因素"污染"和干扰。就像是面粉混入了灰烬，看到的颜色已经变化了。

这让人们看到，一个系统里总有两种不同的因素在"捣乱"。之后的一百年中，这一直是在质量学科里不断闪现的旋律。如果没有一条纲举目张的线索，对于这些杂乱的大堆数据，即使是再明亮的眼睛也难以捕捉它们的价值，而数学工具则是人们需要依赖的"纲"。

事实很快就证明，在工业领域中，质量从统计学中受益最大。统计学，不仅仅是科学家的工具，也是即将到来的大工业生产时代的保护神。

第二节　孕育质量之花的沃土

质量是璞石，一个好的企业，将质量尊为科学之道，可化石为玉。质量作为一门源于实践的科学，得益于伟大公司的雕琢。质量彰显着先进制造的理念，往往会诞生自成体系的先进制造理论，如贝尔之于质量过程统计分析、福特之于流水线、通用汽车之于事业部、丰田之于精益生产、通用电器之于六西格玛（Six Sigma）。

在 20 世纪上半叶，有线通讯乍起，空间被时间以电流的速度极度压缩。美国电报电话公司成为时代的宠儿，这是大规模生产时代所缔造的首批幸运儿。西方电气公司，作为美国电报电话公司的硬件制造工厂，自然成为制造时代的忙碌者。当产品马不停蹄地被制造出来，大量带着缺陷的产品随之与正品一起从流水线跑下来。人们需要认真应对这些不请自来的次品客人。

西方电气公司成立检验部门，通过大规模的检验，在质量方面已经取得卓越成效。但这还不足够，为了在全国范围内提供更多的电话服务，对电话机的质量要求越来越苛刻。光靠着质量检验，已经无法应对。萌芽中的现代质量，在每台机器、每部电话上呼唤全新的理论家，璞玉待琢。美国早期的质量大师，在这里应声入堂。1924 年，正在西方电气公司霍桑工厂检验部的工程师沃特·阿曼德·休哈特（Walter A. Shewhevrt），发现面对巨大的产品数量，靠全检来保障"一致性"是无法完成的。于是，他被派到贝尔实验室开发新的检验理论，以高效率地改进质量。

借助于数学与统计学工具，休哈特建立了在日后影响深远的"统计过程控制"（Statistical Process Control，SPC）和控制图。他找到了一种减少缺陷的简单方式，与以往检验缺陷的方法完全不同。在英国学者的基础上，休哈特提出了具有划时代意义的"控制图"质量控制办法，从产品中抽样进行检验，把检验结果按时间做成折线，从变化趋势来判定产品一致性是否出现了问题。这种方法成为质量统计学的开山之作，也一统后来的现场质量工程的江山，其影响至今犹存。

作为现代质量管理的奠基者，休哈特被称为"统计质量控制之父"。1924 年 5 月，休哈特制作了世界上第一张控制图，并于 1931 年出版了具有里程碑意义的《产品制造质量的经济控制》，全面阐述了质量控制的基本原理。他的观点是：产品质量不是检验出来的，而是生产出来的，质量控制的重点应放在制造阶段，质量管理应从事后提前到事前控制。

质量不是死后验尸，而是未疾预防。如此简单的质量道理，却用了一个世纪也未能阐明。

休哈特的工作，让人们第一次对于质量有了把控的把握。产品并不是在流水线的末端进行各种花式检验，而是在制造过程中就可以提前找到缺陷。

休哈特并不孤独。日后闪闪发光的明星，如哈罗德·F. 道奇（Harold. F. Dodge）、威廉·爱德华兹·戴明（William Edwards Deming）、约瑟夫·M. 朱兰（Joseph M. Juran），都是在这个时候相遇，他们彼时还是无名之辈。休哈特自 1918 年起至 1956 年都在贝尔电话和西方电气公司工作。朱兰从 1924 年开始在西方电气公司工作了 17 年，开始是厂检验科的检验员，后来升迁至公司纽约总部负责工业工程部的高级工程师。而戴明则在 1925 年至 1927 年期间是西方电气公司霍桑工厂的实习生，也正好加入了这个日后影响巨大的质量团队。从某种意义上来看，学者朱兰和戴明，也是工程师休哈特的学生。日后提出"全面质量控制"（Total Quality Control，TQC）的概念，并引出了"全面质量管理"（Total Quality Management，TQM）理论的阿曼德·费根鲍姆（Armand Vallin Feigenbaum），同样也来自贝尔实验室。

这些人不仅提出"质量保证"（Quality Assurance，QA）这个术语，还开发了很多有用的统计工具。从此，质量变成了门技术。休哈特所带领的西方电气公司的质量小组，无疑是统计质量控制的先行者。

贝尔实验室，还有霍桑工厂，成为日后现代质量大师的发源地。人气激荡，气象万千。

第三节　两大源头，百年流派

霍桑工厂，成为质量的传奇之地，这里诞生了有关质量的关键性理论，支撑了随后百年的质量发展历史。

1912 年前后，美国出现了以弗雷德里克·温斯洛·泰勒（Frederick Winslow Taylor）为代表的科学管理运动。科学管理，强调专业分工，将管理人员与工人之间进行技能区分，对不同岗位也进行区分。于是，检验员岗位和独立的检验部门应运而生，这是历史上第一次把质量检验从生产操作中分离。专职检验最大的特点是"三权分立"，指的是，有人制定质量标准，有人负责生产制造，有人进行检验。当时，大多数工厂都设置了专职的检验部门，并直接由厂长领导。

然而，在这种看似精确设置的背后，有一种难以抹去的假设：人就是机器的一部分，精确、准时、不闹情绪地劳动。它需要在工人身后掐着秒表计算人的工作效率，需要精准分解人的每一个多余动作，然后去掉多余环节，减少多余时间。这种对人的精心算计，自然让人觉得是对员工的压榨，将人当作机器零部件的一个部分，并非科学。

很多人避之不及，与这种压榨的理论划清界限。

霍桑工厂以独辟蹊径的视角，揭开了工厂机器喧闹声所掩盖的复杂的人际关系。这些人与人之间的相互行为，相比泰勒主义的精确动作计量法，有着不同寻常的影响。这是由美国管理学家、哈佛大学教授乔治·埃尔顿·梅奥（George Elton Mayo）所发现的。

就在戴明离开霍桑的同年，梅奥进驻了工厂，对工人的行为进行研究，了解普遍不满的工人的心理动机。他就像录像机一样，记录了人的面部表情——愤怒、疲惫、喜悦、忧伤等，然后仔细分析这些喜怒哀乐的表象对生产力效率意味着什么。梅奥的研究结果直截了当，那就是只要把工人当人看，给予积极的关注，就能刺激他们提高生产效率。这个结果，直接激发了"人际关系学"和"行为科学"的诞生。在这样的管理视角下，一名员工是心花怒放还是忧虑重重，往往会比机器效率要重要得多。当然，梅奥的实验并没有直接指向质量，也没有关注工人的技能。对于赞助梅奥研究的企业主而言，重要的不是质量，而是顺从；不是更好的产品，而是不要罢工。[1] 但急功近利的企业家们，无意中将人性拽进了管理学的围栏里面。可以说，霍桑工厂是当时最好的工厂实验室，在那里进行着产品和精神的双重实验。质量大师之间的交流以及优秀的

---

① 理查德·桑内特：《匠人》，李继宏译，上海译文出版社，2015 年，第 300 页。

制造实践，建立了美国极具影响力的质量丰碑。而它也同时催生了后来影响力巨大的管理学派"行为管理学"。这真是一种奇妙的佳作：质量思维来源于人性的观察。这种隐蔽的人与人、人与机器、人与产品之间的关系对质量的影响，直到今天，仍然很容易被企业家们忽略。要想从根本上解决质量问题，就要从根本上去了解人性。一个好的企业，一定是对人性有充分的保障。质量的土壤，依赖于人性。

不妨说，质量是水，企业是一个容器。好的质量观，需要优秀的企业来承载。如果容器有缝隙，那么再多的水也难以留存。企业想卓越，质量要富养。有意思的是，美国不少质量大师很长寿。休哈特 76 岁，戴明 93 岁，朱兰 104 岁，费根鲍姆 94 岁，后三位的平均寿命达到了 92 岁。对于质量人而言，这真是一个好的寓意。

如果站在 19 世纪向 20 世纪交接的时间轴上，来看待陆续起航的管理流派，可以看到泰勒主义刚出发不久，梅奥主义也鸣笛离港。泰勒的科学管理是去人格化，将人零件化。而梅奥则关注人的心理动机，再现了人性的光辉。两种对人基于不同的假设，在后续企业管理的航程史上，将形成两个巨大截然不同的流派。二者统治了此后上百年的管理史，也为多样性的质量管理提供了场景。

第四节　汽车创造了阶层

电话，推动了质量进入科学化的进程。产品大规模的发展，还需要更好的载体。然而，在美国崛起的过程中，真正改变社会阶层结构的不是电话，而是汽车。如果说电话、电报改变了人们对空间的想象力，那么汽车则彻底改变了人与大自然的距离。有了汽车，城市的界限立刻放大，被推向无尽的远端，大量的人群从郊区涌入城市成为工业劳动大军。更重要的是，福特汽车当时通过日薪 5 美元的超高工资，建立了一个从未有过的富裕的中产阶层。汽车工业化流水线的增长有多快，这个阶层成长就有多快。这是福特流水线在产品之外，造就的另一个奇迹。可以肯定，如果一个产品不能夯实一个社会的阶层和经济基础，仅仅靠一次技术的突破，是不足以戴上工业革命之桂冠的。

这个划时代的产品制造方式和阶层发展路径，是从福特 T 型车大规模流水线开始的。虽然此时它还没有被命名为"流水线"，但已经成为社会化大规模生产的决定性力量。可以说，福特其实继承了 100 年前惠特尼的"互换性"衣钵，尽管速度已经调快了百倍以上，但依然有着精细分明的生产分工。福特主义成为"大批量、价廉的工业品"的代名词，而质量则坚守其中，就像制造版图上无法挪走的按钉，起着固定和压轴的作用。

流水线揉合了太多的工业化元素，更早期的泰勒主义的工序平衡化，则起到了先导性作用。工业化大生产要求产品的分解和组装兼容，出现了直接性概念。以泰勒为代表的科学管理运动使得质量检验成为一个部门，产生了质量学科。福特汽车公司吸收了泰勒科学劳动理念的精髓，提出了时间效率。在喧哗流水线的旁边，在手忙脚乱的工人背后， 批掐表的人正在倾听时间的声音。这些人所在的部门就是以时间来命名的

"时间研究部门"①。而自行车是另外一个好的时间帮手，当生产线出现故障的时候，故障检修工可以骑着自行车飞速赶到现场。在这里，每一分每一秒都要抢回来，就像吝啬鬼要捡起掉落的每一个硬币。

流水线上的零件种类繁多，规格要保持一致，才能使得不同工人不用分心，心无旁骛地、最快速度地完成自己的分工。高效的组织，高效的劳动力，喧闹的流水线上才能滚动出财富。

质量的种子，找到了有史以来最大规模、最肥沃的土地。在高地公园的工厂之后，福特汽车开始在胭脂河建设了令人惊叹的一体化工厂，展现了完美的垂直整合能力。1940 年年底，这里有大约 10 万名工人。每年还有大约 16 万名游客慕名前来。冶金、发电、照明所需的产品，甚至肥皂，这里都能够生产。它可以在 28 小时以内②，将铁矿石、沙土、木板变成一辆开始运转的汽车。福特开创了超级工厂的先河，但超级工厂的理念，先是被多品牌发展的通用汽车，后来被日本丰田的精益体系，以及随之而来的全球化专业分工，接连重击打得粉碎。超级工厂被看成是一种老古董思想，直到 21 世纪第二个十年，美国电动汽车商业化成功的先驱者特斯拉公司在内华达州重建超级工厂，福特胭脂河工厂的巨无霸印象，才开始重新回到人们的脑海中。

胭脂河工厂，是当时大规模生产的最好表现。福特流水线的标准化，根本性地引入可互换零部件，从而使得任何班次的员工都可以操作这些

---

① 大卫 E. 奈：《百年流水线：一部工业技术进步史》，史雷译，机械工业出版社，2017 年，第 21 页。
② 同上，第 43 页。

规格一致的部件。在大规模的工业发展基础上，质量的一致性非常重要。

这是历史上第一次，质量开始批量地建立自己的丰功伟业。但质量的缺陷，也被正式地引入到传送带上，加速奔跑。当一辆汽车正品几乎在一天之内下线的时候，劣质品可以用同样的速度跑遍流水线，它自然也会导致流水线的堵塞。如果没有科学观引领的质量理论，它会成为在流水线上毫不留情吞噬效率的黑洞。

福特本人很快就注意到了这个现象，他请来了统计分析大师休哈特，围绕着汽车制造，建立了系统的质量工程体系。汽车制造业从此成为质量殿堂中重要的基石。值得注意的是，也就是从这个时候开始，"一致性"开始代表"质量"。就像揭开了一个多面体的面纱，人们又找到了质量在"互换性"之外的另外一个面。这在当时，是一个巨大的进步。然而，制造进化的历程会表明，质量远比"一致性"要复杂得多。时至今日，许多企业以"一致性"作为质量要求的时候，结果反而是将质量庸俗化。消费品制造商如果单纯追求规格一致性，难免陷入质量的陷阱。

福特流水线的质量思维的管理者，在发展之路上不断加速着他们的质量思维。福特汽车的效率，无法不引起所有制造界人士的关注。

在第二次世界大战期间，福特、通用汽车等制造商纷纷转产坦克、越野车甚至飞机。源自于武器制造的互换性，与一致性的质量体系，汽车行业经过了大回环磨练，重新在军工厂中发扬光大。

美国在赞美自己国度的文化和对外输出影响力方面不遗余力。瓦科拉大·斯米尔（Vaclav Smil）在《美国制造：国家繁荣为什么离不开制造业》一书提到"可互换零部件"和"流水线"具有美国特色，这是"美国性格"被神化的年代。美国迫切希望将自己打造成一个集中思想家和发明家的自由国度。观察家、研究者、作家都纷纷行动起来，为美国制造打上"美国精神"的标签。美国新闻署注意到了这个现象，二战后它也将"流水线"和"质量体系"作为其美国价值观的一部分，开始向全世界灌输。美国处心积虑想输出的美国文化，其实不是只有好莱坞、蓝调爵士乐和麦当劳。

第五节　枯燥是数学家的神曲

质量依然是恼人的问题，它呈现出巨大的差异性。数学则在多个领域，由不同的人分头推进，试图缓解现场的烦恼。

1947 年以来，多里安·谢宁（Dorian Shainin）发展出一套逻辑严谨的策略，用于解决高度复杂的问题。这与朱兰有直接关系，20 世纪 40 年代，朱兰开始将帕累托法则（也称"二八定律"）使用在质量管理中，他认为每个问题对商业绩效影响是不均衡的。到了 50 年代，谢宁认识到帕累托法则可以有效地应用于解决变差类问题，提出了"谢宁问题解决方法"（Red X Methodology）。

这期间，美国军方依靠标准也大大推进了质量抽样检验进程。20 世纪 30 年代，曾经在贝尔实验室工作的道奇和雷明（H. G. Roming）引入了抽样检验，具有很高的实用性。道奇完善了抽样技术，提出的平均出货质量水平方法，后来发展为"可接受质量标准"（Acceptance Quality

Limit，AQL），成为质量抽样技术的圭臬。

最早注意到其价值的，不是民用品制造商，而是军队。二战期间军工产品数量大增，又来不及全数检验，因此造成大量的废品。军队蒙受重大损失，从美国国防部开始强制推行抽样检查，并为供应商制定了严格的标准。贝尔实验室的专家也被请过来，大力普及质量控制的统计学方法[1]。由于供不应求，军用物资的生产实在无暇顾及质量控制的要求。这些培训，注定效果寥寥，但是人们逐步意识到了质量管理的重要性。美国军方制定了战时的临时标准 Z1 系列，其质量管理标准，都是以休哈特、道奇等人所在的贝尔实验室的理论作为基础[2]。就像游子回归一样，飘忽不定的质量正在越来越走向确定性了。美国军制品标准（MIL-STD），逐渐开始发挥重要的作用。

1946 年，就在战火蔓延期间，国际标准化组织诞生了。军火武器制造商率先闯入了标准化的庙堂，也成为最早拉动工业标准发展的产业。就在同一年，致力于防止贸易保护的关税及贸易总协定也开始建立，它是世界贸易组织的前身。这让人隐约感觉到，标准的成熟度总是跟贸易的活跃度密切相关。

二战之后，很多军品转入民品生产。质量工程学，已经从质量检验的阶段，推进到统计质量控制阶段。将数理统计方法引入到质量管理中，

---

[1] 詹姆斯·埃文斯、威廉·林赛：《质量管理与卓越绩效》，中国质量协会编译，中国人民大学出版社，2016年，第12页。

[2] 韩福荣：《现代质量管理学》，机械工业出版社，2021年，第15页。

弥补了传统质量检验方法只能事后把关的不足。在生产过程中广泛采用抽样检验的方法，再加上控制图对产品质量进行预警①。质量控制的方法变得丰富了，单纯的事后检验，转入到两次检验，加上中场控制的阶段。

数理统计似乎成为香饽饽，工厂现场成为数学家们的天堂。质量控制是数据统计方法，质量管理是数学专家的事情。这种局面，难免让人们觉得，质量天生就是一种技术语言。这让工人缺乏热情，也让企业高管望而生畏。质量控制的职业前景，也似乎变得暗淡起来。

同样需要思考的是工匠精神的作用。它一向被认为是质量的保障，甚至很容易将两者画等号。带着一种个人英雄主义的光泽，工匠精神隐含着工匠技艺在手工业时代质量评价体系中的价值。但随着科学技术和数学统计的进入，质量也并非都完全靠工匠精神来实现，也不能简单以道德进行框定。质量成为一个系统的综合产出物。在很多时候，它与个人道德无关。质量本身不是善，而是一个向善的过程。质量的好坏，自有一套因果关系。

① 张根宝主编：《现代质量工程》，机械工业出版社，2021年，第14页。

第三章

转动国家的轮盘（1950—1979年）

质量是和平占领市场最有效的武器。
——现代质量管理的领军人物约瑟夫·M.朱兰
（Joseph M. Juran）

第一节　"西方三贤士"的礼物

二战之后，日本依靠制造业兴国，创造了经济奇迹。仔细观察会发现，日本制造业形成了一套自己的文化，质量文化则在其中闪闪发光，它似乎是日本崛起的终极奥秘。

日本制造的高质量也是始于自卑和羞辱。在 2016 年由国家质检总局监制出品，中国检验认证集团等拍摄制作的《大国质量》纪录片中可以看到这种场景。二战之后，在日本南部的宇佐小城，突然冒出了近百家日本制造工厂。由于"宇佐"的英文类似"USA"，这样本地生产的产品看上去就像是"MADE IN USA"（产于美国）字样。出口海外的时候，这会让人以为是美国制造。当时，印有日本制造的商品，往往被视为"质量很差"。在创业初期，索尼公司也总是把"日本制造"这几个字印刷得很小，就像是《西游记》中被二郎神追逐的孙悟空，在变身为庙宇的时候，那根怕人瞅见的尾巴不得不变成蹩脚的旗杆。有一次，索尼公司把这几个文字印制得太小，在日本的美国军方作为监管者，逼看把它重印放大字号。

二战之后，美国采取了一种计划式的方式以恢复日本经济。彼时，日本是废墟一片。作为战败后日本领土上的"无冕首相"，道格拉斯·麦克阿瑟（Douglas MacArthur）将军成为二战后日本秩序的缔造者，工业振兴也在其中。在日本重建的支援团队中，他派出了大量的工程师和质量团队。

1947 年占领日本的美军，为了让日本企业生产通信设备，调遣了3 名工程师帮助日本恢复瘫痪的通信网络。这开启了日本大规模发展通信行业的先例，15 年之后，日本在这个行业的基础上，打造出极具强势的消费电子品牌。可以说，日本战后制造的崛起，是从通信行业开始的。

美国的霍博（Hopper）兄弟在《清教徒的礼物》一书中，用爱憎分明的手法将他们喜欢和不喜欢的人——不管多有名气——毫不留情地区分开，也将日本崛起看成是慈善的美国清教徒精神所馈赠的国家礼物。他用"西方三贤士"来描述这三位工程师，似乎也在回响圣经里面"东方三博士"访问耶稣的场景。耶稣刚诞生的时候，从象征着高级文明的东方有三个博士恰好来访。西方很多油画都描述了这个博学之人与宗教启蒙的交融时刻，那是知识的暖流。"西方三贤士"中有贝尔实验室的专家，也有美国军工企业雷神公司的成员。他们牵头的"民用通信部门"，为日本工业的崛起了奠定坚实的基石。

这一基石是什么？不是电测实验室，不是大笔的资金，而是让日本制造重新崛起的信念——三贤士成功地说服了麦克阿瑟将军，只有富强而不是贫穷的日本，才会摆脱集权主义和军国主义。而日本制造业新一代管理者的生存和繁荣，需要美国的指导。

"西方三贤士"真正带来的是现代管理的科学理念，尤其是在工厂车间的实务管理。培训日本企业总裁的管理课程，由此而生。日本大企业的高管如松下公司的松下幸之助、索尼公司的盛田昭夫（当时还是不入流的小公司，名字也不叫索尼）以及夏普等企业的高管，纷纷出现在这些课堂上，从而引发了日本的管理革命。

《清教徒的礼物》对这些通信工程师的赞誉，显然有些夸大其词。书中认为日本的工程革命之所以成功，首先是受到了美国管理方式的启发。作者认为，这种管理的火把照亮了日本工业革命，之后，余光依然璀璨，它跨过东洋来到"亚洲四小龙"，终成正果并落地中国，引发了中国20世纪80年代的管理革命①。总之，东亚的崛起，似乎都是发自美国那三位名不见经传的工程师栽下的种子。

霍博兄弟的本意是梳理美国的成长之史，如何靠管理文化，凭借四大支柱（向善信念、集体感、技师崇拜和组织能力），一举崛起成为政治经济强国。但该书总是不忘其文化优势，表达的都是居高临下的美国文化，而表达的那些一眼望不到边的"认祖论"，难免与书的主题有点牵强。

第二节　两个美国人的想法

质量的力量更加令人信服，它将日本制造向上推进了一个大台阶。

---

① 肯尼斯·霍博、威廉·霍博：《清教徒的礼物》，人民东方出版社，丁丹译，2016年，第2页。

受邀请的不仅仅是"西方三贤士"，还有从事质量管理的人员，其中也有贝尔实验室的费根鲍姆。随后，在麦克阿瑟的专家名单上，出现了爱德华兹·戴明。已经年逾不惑的戴明，因此进入了受邀之列，这是他一次来到日本。但麦克阿瑟邀请戴明，不是为了质量，而是为了人口调查。

彼时的戴明，在自己国土还尚未建立起威名。离开霍桑工厂后，戴明开始从事统计人口的工作，对制造并无太深印象。在二战期间，戴明一直在美国人口调查局担任顾问。他的抽样理论和统计分析方法，在这里牛刀小试，在 1940 年的人口统计中，用极低的成本取得了惊人的效率。从那以后，美国人口的统计不再进行总体调查，而是采用抽样统计。抽样统计的应用由此崭露头角。这个成功，引来工业界人士的注目。

1942 年，在美国大规模的军火制造洪流中，统计质量控制原理被系统地引入到工业管理中。战时生产委员会为了解决一线军火质量问题，跟教育部一起委托斯坦福大学的尤金·格兰特（Eugene L. Grant）教授与戴明合作，开发出了一个面向政府承包商的 8 天培训课程，以提高供应商的产品质量。这个功劳，应该给与格兰特。他主导完成了这个面向工程、科学和管理的战时培训项目。实际上，格兰特是美国质量教育培训中至关重要的人物。这次推出"工程、科学和管理"的三合一课程引起了巨大的反响。这些课程的参与者越来越多，1946 年成立了日后影响深远的"美国质量控制协会"，后来改名为"美国质量协会"。

可以得知，"西方三贤士"后来在日本进行的重塑工业过程中，一定想到了格兰特的这个课程，因为他们在日本一开始也是对高管进行三合一教育。格兰特虽然以质量教育培训闻名，但却是典型的实用派，往往以"可操作性"来衡量质量的结果。1966 年美国质量协会专门设置了格兰特奖，来奖励传播质量理论的人，朱兰是第一个获得该奖项的人。

　　然而，戴明对课程的效果却并不太满意。他抱怨，这些统计课程只是被工程师接受，而管理层的兴趣却不大[1]，这些领导者放弃了实现从上到下的质量管理的责任。戴明的认识，跟当时的大环境有明显的脱离。因为当时的战时制造状态，所有的工厂都开足马力，只求高速生产。对于领导而言，质量只是生产可有可无的附件。在那时，质量呈现惰性状态，并无主动上进的表现。质量就是一种随着容器形状而变换身段的水，时代需求什么，它就该呈现什么。

　　日本的情况则大为不同，一切都是紧张向上的状态。为了振兴战后日本工业，一批在二战期间专门为军备服务的科学家，在 1946 年推动成立了日本科学技术联盟。这是一个科学家与工程师的联盟，是一个富于创新力的组合。他们如饥似渴地推动科技生产力的相关工作，质量逐渐成为了重点的话题。他们注意到了戴明在日本的统计工作，于是在 1950 年，日本科学技术联盟邀请戴明赴日讲解统计方法。

　　戴明再次欣然前往日本，他需要一个强大的舞台，来释放自己的统计学能量。为了防止发生在美国出现过的管理层漠不关心的现象，他要求将高管作为单独的授课对象。当时，日本最有实力的、控制了约 80%资本的 21 位企业家出席了戴明的欢迎宴会。这些思贤若渴、正襟危坐的

---

[1]　约翰·班克：《全面质量管理》，中国人民大学出版社，影印版，1997 年，第 61 页。

企业家，掌管着日后闪闪发光的明星制造企业，如索尼、日产、三菱、丰田等。1950 年，戴明接触到了日本大约 100 名工业企业家。第二年，这个数字扩大到了约 400 名[①]。大地洞开，质量雨露倾盆滚入。

戴明的质量课程持续 8 天，日本的制造商的头儿们纷纷前往听课，座无虚席。好学的听众将速记、笔录汇总整理为《戴明博士论质量的统计控制》，这些手抄本被竞相传播。戴明主要是在介绍休哈特的控制方法，以及美国军方在 1940 年制定的战时生产标准。那时，戴明好像是休哈特的留声机、传声筒，但是他的讲解明白透彻，对于百废待兴的日本制造而言已经足够了。

"PDCA 循环"是休哈特提出来的，他将质量管理分为四个阶段，即策划（Plan）、实施（Do）、检查（Check）、处理（Act）。戴明在"休哈特循环图"的基础上简单修改而形成类似的改善环，经过在日本的宣传和普及而发扬光大。但这个质量环发明的桂冠，也就直接挂在了戴明的头上，甚至被称为"戴明环"。张冠李戴的细节，在历史上屡屡上演，如后来的六西格玛被更多地当作通用电气集团公司首席执行官杰克·韦尔奇（Jack Welch）的光环；在美国提及丰田生产方式，人们更容易想起新乡重夫而不是大野耐一，等等。也许，被传颂的故事，才是成就主角的关键。

从日本科学技术联盟熟练地邀请国外专家来讲学这件事情，可以看出日本的科技情报做得扎实，能够轻松选对合适的专家人选。戴明并非

---

① 约翰·班克：《全面质量管理》，中国人民大学出版社，影印版，1997 年，第 61 页。

最早将统计质量控制理论引入日本的人，但是日本业界即使有人熟悉这套理论却不知道该如何转化。戴明起到了桥梁的作用，他最大的贡献就是将这套理论高度简化，使统计学成为一线现场工程师可以掌握的工具。[①] 他认为"变异是质量的天敌"，这是标准的统计学语言，也是休哈特统计学的回声。变异是在操作过程之中发生的，而过程就在现场，这也是大量日本企业特别信奉"现场有神灵"的原因。"现场"的日文罗马音是"Gemba"，去现场被称为"Go to Gemba"，这是个新创的短语，是经过戴明的传播进而彻底活用休哈特理论的舶来品。戴明的传播能力无与伦比，在 20 世纪 80 年代戴明开始被自己的同胞封神的时候，有人赞美道"统计学的胜利，就是戴明的胜利"[②]。当质量缺陷面临统计学中复杂的数学考验时，戴明坚持认为统计学是质量控制的核心，并且促使统计原理成为整个生产过程的核心。以一己之力，戴明让统计学成为世界范围内质量改进运动的风暴中心。

　　戴明的学说以简洁易明而著称，他的理论通常以要点的形式表现。应该说，用"戴明质量文选"而不是"戴明质量思想"，会是一种更为准确的表达。他最主要的观点"戴明十四点"成为后来全面质量管理理论的重要理论根基。这些内容朗朗上口，例如其中指出：不是依靠大量检验，是防止不合格而不是检查不合格；采取现代方法培训员工；力避恐吓，以便每个人都能为公司有效工作，等等。

---

① 约翰·班克：《全面质量管理》，中国人民大学出版社，影印版，1997 年，第 61 页。
② Frank H. Squires，"The Triumph of statistics"，*Quality* (Feb. 1982)：75.

这些孜孜不倦甚至听起来像是碎碎念的教导，在美国充满了量化计算的科学生产的环境中，注定很难有销路。它更像是一种道德规范的约束，具有烛照人心的教导作用，在崇尚儒家文化的日本，迅速找到了生根的土壤。

质量无需惊人之举，这是戴明的经典之言。或许需要再补充一句，质量实乃每天之劳，不可懈怠。

戴明认为质量管理是一个系统的理论。这意味着质量是一个全局性概念，每一个疏漏的地方，都可能是致命的。这种系统观非常值得重视，将质量置于一个"宇宙视角"之下，而非放在显微镜下去查看，这大大开阔了人们的视野。他在日本时提出，让生产成为系统。这个系统，其实就是一个企业的业务流程的总和，是一个覆盖了全流程的大生产线，包括进货验收、制造装配、销售和服务等。每一个环节，都是质量需要鏖战的沙场。特别强调的是，消费者是生产线的一部分，也是最重要的部分。

戴明的很多想法，源自对休哈特理论的思考和完善。休哈特是一个敏锐的人，他很早就注意到，工厂里的制造，是一个精心设计的动态系统。既然是一个系统，它的稳定性就一定建立在可预测与不可预测之间。他在研究贝尔电话机的制造过程时提出，一切制造过程中所呈现的波动，都是两个独立分量的叠加：一个是系统结构所产生的固有分量，它往往是稳定的，但以偶然的波动出现；另外一个则来自系统外部，是可以诊断出来的异常波动。打个比方，一个人的年薪由固定工资和年终奖两项之和组成；固定工资不变（偶然波动），年终奖则是不确定、异常波动的。人们都喜欢确定性，工资收入往往就是由一个公司的系统结构所决定。质量也大致如此。休哈特对这两种属性，给出了一种量化的方式，那就是质量控制图，可以把偶然波动与异常波动区分开来。从事质量工作的人，要在现场清除一切异常变动，减少外在因素的冲击。但对于系统性的偶然波动，一般人是望尘莫及的，因为它是由更高的系统设计师决定的。戴明引入了两个关键的词：一个是"变异"，也就是偏差，这是质量的天敌；另外一个是"系统"，这是质量的基因。

生产系统的理论表明了企业各个岗位之间的依赖性，它对于质量的影响比人们想象的要大很多。每个企业员工，都需要学会不只是追求局部的质量优化，全系统最佳才是合力的方向。而稳定，正是实现系统优化的必备条件。系统不稳定，合力则不可形成。因此，一个企业家面对质量的思考，首先就要解决系统问题，而不是标准化，也不是精益①，当然也谈不上数字化。

为了说明系统的运行机制，戴明设计了著名的两个实验。一个是红珠实验，说明现场员工无法突破管理者制定的程序。质量天花板的盖子，就是领导者本人亲手盖上去的。言外之意，领导者最重要的任务之一就是设计系统，并且要系统稳定。领导者就好像是钟表设计师，他要设计一个系统或者制度，让秒针成功运转下去。而另外一个是漏斗实验，则表现了无知的管理者，由于求胜心切而干预系统，反而让变异变大，质

---

① W·爱德华·戴明：《转危为安》，钟汉清译，机械工业出版社，2016年，序言第 XIX 页。

量恶化。

戴明的系统未免也过于复杂。提到系统，很多人自然会想到的是机器设备或者数据处理。但是，很少有人知道招募、培训，也是系统的一部分①。也就是说，人也是系统的重要角色。戴明将竞争对手也纳入系统之内②。他认为，20世纪60年代美国三大汽车公司由于没有考虑将日本这个当时很渺小的竞争对手作为系统组成，从而酿下祸根。彼时三大汽车公司，几乎联合垄断了市场。管理者费尽心思相互比拼，为争夺市场份额而烦恼。未能注意到美国当时大约还有200万人，对于售价低、耐用的汽车有着巨大的需求。如果美国汽车制造商能够及早地意识到这一点，那么日本汽车根本就无法在市场上长驱直入。

当戴明在日本苦口婆心地反复诵读质量笔记之时，另一位美国同行朱兰，也来到了日本。在戴明强调的工厂现场之外，朱兰向日本产业界呈现了管理者的另一面，成功地补充了戴明的短板。二者的合作，让质量在工厂得以上下贯通，管理者与工人的沟通相互无障碍。

在西方电气公司从事多年的质量检验工作后，朱兰成为纽约大学的教授。1951年问世的鸿篇巨制《质量控制手册》，确定了朱兰在质量领域的学术地位。但在当时的美国本土并没有引起足够的关注。彼时的美国制造，正处于巅峰时刻。到处都是崛起的工厂，利润可观，美国制造界还缺乏对质量智者的敬意。日本则不同，到处都是求知若渴的企业家。

---

① W·爱德华·戴明：《转危为安》，钟汉清译，机械工业出版社，2016年，第290页。
② W·爱德华·戴明：《戴明的新经济观》，钟汉清译，机械工业出版社，2015年，第42页。

朱兰成功地让日本管理者们意识到，只有将质量控制纳入为企业管理的一部分，质量问题才能真正得到解决。[①] 质量控制，是不同层级的管理者必须知晓的，而不仅是质量专业人员的事情。可惜戴明所未能涉及。可以说戴明解决了平地上工人的质量统计问题，朱兰则解决了楼阁里管理者的管理问题。

两个美国质量大师的搭配，恰好让质量自上而下与自上而下相结合，质量文化就像是新开进来的兵团，在日本制造的城门口长驱直入。

第三节　被低估的本土派

20 世纪 50 年代，戴明在日本 10 年，前后培训了将近两万名中高层管理者，与同胞朱兰一起为日本制造界造就了无数的质量人才。

但如果说日本质量体系全都归功于戴明和朱兰，那既不恰当，也不合理。日本自有自己的理论家。戴明和朱兰宗教般的热情，也激发日本本土的传教士，那就是石川馨。他以"鱼骨图"层级图分析质量缺陷而知名。要理解日本的质量管理起源，石川馨是首先应该了解的人物。他引领了 1955 年到 1960 年日本的"全面质量控制"运动。这种持续的质量运动，像是一口沸腾的锅，老旧的质量思想被彻底煮烂，新生代的质量

---

① 约翰·班克：《全面质量管理》，中国人民大学出版社，影印版，1997 年，第 74 页。

观正在浮上水面。兴之所至，日本建立了"质量月"，大量的研讨会、庆典活动层出不穷，质量火花被人们相互传递、点燃。

石川馨认为"领导管，下属做"的美国管理方式，并不适合日本。他应该意识到了，质量是民族的。质量实践，是与民族文化相伴生的产物，质量理论也需入乡随俗。结合了日本团体性纪律强的特点，石川馨创造性地将德国技师的工匠精神，引入到团队，而非个体。这种奇妙的感悟，让他放开手脚大力推动"质量圈"的做法。

石川馨还给出了质量控制的"七种武器"，包括帕累托分析、鱼骨图、控制图、直方图等。这七种武器经久不衰，它们简单方便，重要的是，都是可视化的。与文字相比，它们较少产生歧义，因此更便于团队成员之间的交流。后来还出现了新的"七种武器"，包括关联图法、系统图法、矩阵图法、矢线图法等。实际上，质量工具一直在发展，有统计表明，全面质量管理工具已经超过 400 种[①]。

颇具群众影响力的，是"质量圈"，也称之为"质量管理小组"。1962 年，可以认为是"质量圈"的诞生之年。这是由日本特有的文化发挥作用的结果。在普及质量扫盲运动时，大公司都组织面向工人的"读书圈"交流会。朱兰对于质量的想法，被印成很多小册子四处发送。借鉴"读书圈"，以交流质量话题为宗旨的"质量圈"也诞生了。擅长中西合璧的石川馨在日本电报公司进行了尝试。到了 1978 年，制造业已经有

---

① 詹姆斯·埃文斯、威廉·林赛：《质量管理与卓越绩效》，中国质量协会编译，中国人民大学出版社，2016 年，第 407 页。

大约 100 万个"质量圈"，有 1 000 万左右的人士牵涉其中。而到了 1992 年，这个规模扩大到 200 万个"质量圈"和 2 000 万人，范围也从工业界拓展到服务业。①

浩浩荡荡的"质量圈"，让人们因质量话题而相互连接。质量犹如连续的脉动，为日本制造奠定了一种血脉相承的相互承诺。

无论是在理论的全面性，还是实践的深耕性，石川馨都是杰出的。他撰写的《质量管理入门》一书，只有很少一部分在讲"质量圈"，大部分还是比较系统地论述了质量的理论。西方人也注意到了他的贡献。1985 年，美国人翻译了石川馨 1968 年出版的另外一本书《质量控制指南》（Guide to Quality Control），书中强调了"日本式的质量控制"。在当时，质量控制和质量管理，似乎还并不能完全区分开。

1951 年设立的"戴明奖"，成为之后二十年中日本企业界极为热衷的奖项，人人以获取它而自豪。次年，石川馨成为 1952 年"戴明奖"的获得者。1971 年，他获得了美国质量控制协会颁发的"格兰特奖章"（Grant Medal），以表彰他在质量控制的普及教育。具有讽刺意味的是，这个时候戴明在美国同胞面前，依然默默无闻。

这些不同的人、不同的事件相互影响，互为因果，发生了奇妙的化学反应，在日本全国的范围内，催生了质量管理的熊熊大火。备受这种火光的感染，朱兰认为"质量月""质量圈"，让日本拥有了全球受过最

---

① 约翰·班克：《全面质量管理》，中国人民大学出版社，影印版，1997 年，第 74 页。

好质量熏陶的经理层。他在 20 世纪 60 年代后期就断定，日本将成为全球质量的领导者。戴明在更早的时候，也有过类似的预言。

这些豪言壮语当时听起来就像占卜，或者就是老师鼓励学生成才的无心之语。无论是在日本还是在美国，几乎没有人相信这些话。但是，朱兰和戴明无疑都是在日本制造崛起前夜，最早发现东方曙光的人之一。

第四节　螺旋上升的扶手与阶梯

纵观这个时期的日本质量运动，好似三部曲的过程。二十世纪五十年代，正是日本制造开始对质量充满期待、意欲深耕质量土壤的时刻。

一切从高层意识破冰开始。

日本在 1946 年设立了民间团体机构日本科学技术联盟，这作为科技智囊与产学研机构。1949 年成立了质量控制研究小组，是为了摆脱日本制造"便宜而质量差"的恶名。在相当长的时期，"东洋货"是伪劣品的标志。

日本双管齐下，既引入外脑，也挖掘本地人才，同步推进。

第一波，请来当时并不出名的戴明。戴明在二战前后从事过政府的人口统计分析，对于制造业其实并不熟悉。戴明质量演讲很精彩，毕恭毕敬的日本企业趋之若鹜。但是，戴明讲的理论偏于统计，过于下沉，内容主要是面向基层。他的统计学理论过于震撼，会让人觉得质量管理是束缚人的数学绑绳，领导们都被吓跑了。戴明受到质量统计学的鼻祖休哈特的影响太深，数学至上，统计至上。聪明的日本人很快就发现了戴明的不足。

第二波，1954 年 7 月，日本又请来了美国质量大师朱兰。此回质量控制管理研讨班，是专门面向董事长和中高层管理干部的。这是日本第一次从管理全局的视角审视质量。朱兰的讲座，为质量控制打开了一扇窗。质量控制是一个令人迷惑的话题，很容易让人误以为只是跟检测有关，高管会认为这跟自己没有关系。然而质量控制却是远超过质量控制过程的本身。破人心智，始于思维。只要搞定了总经理，全民皆是质量迷。从这个意义看，与其说质量控制是一把手工程，不如说是一把手"脑震荡"。只有先从企业家的心智植入质量的根基，质量管理才会真正落地。思维转变了，一切都会变。朱兰自己也对此表示满意，戴明的演讲是关于统计方法的，尤其是休哈特控制图。而朱兰的演讲是关于质量管理。从戴明的自下而上和朱兰的自上而下，日本从两个方向同时进行突围。让质量控制从工具变成理念，于是整个企业被打通，全员质量控制得以实施。质量战略，可以成为公司级的战略选项了。

第三波，利用无线电广播和电视，面向大众进行渗透普及。只有质量变成一种大众的文化，才能真正落地生根发芽。这才是日本"质量圈"的魔力，日本制造整个为之改观，它源于民众被渗透的文化和信念。

这是质量运动的三部曲，有了它，往后就是运用之妙了。"便宜而质量差"的产品恶名，被日本扔在脑后了。朱兰和戴明从此成为日本质量界倍受推崇的人。

但朱兰并没有获得如戴明那般高的荣誉。这样的细节，不足以挂齿，因为另有玄机。日本讲究礼仪，也懂得神化的作用。就在戴明讲课的第二年，也就是 1951 年，日本科学技术联盟就以戴明捐赠讲义的版税，设立了"戴明奖"。这个奖项，是不是也太仓促了？日本自有考量。日本太需要这样的"外来和尚"了，这样可以吸引更多企业的拥趸。

然而这些质量理论，真的被日本企业家吸纳了吗？一个经验丰富的企业家，怎样才能接受全新的质量体系？在重塑日本的过程中，麦克阿瑟对日本的工业界管理层进行了"经济清洗"，1947 年更换了日本制造界 154 家大型公司的 1 937 名常务董事以上的公司经理人。《清教徒的礼物》一书作者霍博兄弟认为，这次管理者大扫除，为日本制造界带来了积极进取的新鲜养分。美国的质量理论，以零抵抗、全吸收的方式，完全注射到日本新一代管理者的血液之中。质量思维，成功地在日本制造业领导者的脑海中扎根。当戴明一遍又一遍地重复着"质量是一把手工程""质量是董事长的职责"之时，年轻的日本高管层迅速吸收了质量的理念，并成为日本制造崛起的根本性动力。

第五节　学术与产业的觥筹交错

日本的石川馨奠定了日本车间里质量控制的基础，赤尾洋二教授则以"质量功能展开"（Quality Function Deployment，QFD），使质量迈开了流星一般前进的大步，前移来到了设计师的办公桌上。

经过 10 年的洗礼，日本制造业开始表现得自信起来。借助全公司的质量控制，企业家们正在从模仿外壳到模仿内心，里外都变得成熟。统计学的方法解决了生产过程中的质量控制问题，但只能围绕着车间里的制造。如何在新产品的开发过程中，从一开始就能保证质量？自主创新开发，是无法在现场解决的。这是一个设计师转头向后看，制造工程师踮着脚往前看的年代。

进而，人们开始意识到，必须对设计也注入质量保证。然而，当时并没有一种成熟的方法，可以保证在设计过程中实现质量控制。质量研究者已经意识到设计阶段是很重要的环节。无论是美国的朱兰，还是倡导"全面质量控制"的费根鲍姆，都曾提到设计质量，但还无法给出实施的方法。引用《朱兰质量管理与分析》书中的一句话："人们没有时间来推敲质量策划，但是他们会有的是时间来纠正糟糕的策划所引发的错误。"[1] 如果把质量考虑在设计要素之中，质量对于销售的贡献，就会更大。

三菱重工神户造船厂在 1966 年开发了质量表的雏形，将顾客需求和质量控制措施联系起来。发现，定制货轮的顾客需求分析和生产资源的配置之间有着映射关系。[2]

赤尾洋二教授和水野滋教授于 1972 年第一次提出了"质量展开"（Quality Deployment）的概念，可以在开始生产之前协助展开关键性的品质保证点。这是一个二传手的工作，它保证了设计意图可以在后续

---

[1] 约瑟夫·A.德费欧、弗兰克.M.格里纳：《朱兰质量管理与分析》，苏秦等译，机械工业出版社，2017 年，第 141 页。
[2] 李跃生、邵家骏、苗宇涛编著：《质量功能展开技术》，国防工业出版社，2011 年，第 1 页。

的生产过程得到贯彻，以避免像朱兰所说的那样，部门之间就是相互隔着墙壁扔包袱。

质量展开，是对关键质量工序进行的展开。但是这个流程仍然停留在产品投产之前，如果将之视为一种设计质量的方法，还不够充分。

就在这时，一股新的洪流注入进来，那就是"价值工程"（Value Engineering，VE）。价值工程源于二战后，通用电气公司的采购科长劳伦斯·戴罗斯·麦尔斯（Lawrence D. Miles），为了解决原材料的短缺，着力研究代用材料的特性，以大幅降低成本。1954 年美国海军船舶局将其称之为价值工程，这是一种降低成本以获得最大经济效益的方法。此后，这种方法传入到日本。石川馨再次展现了学贯中西的特长，他把价值工程中的产品功能分析，扩展到业务流程的功能分析，提出了业务展开的概念，并给出了产品功能的定义方式。

两者的结合，将质量展开与功能展开合二为一，形成了质量功能展开的雏形。①

这个时候，另外一个关键企业登场，那就是日本的普利司通公司。普利司通公司是由石桥正二郎于 1931 年在日本福冈县建立的轮胎制造企业，至今还是日本最大的轮胎制造商。石桥正二郎深受当时轰轰烈烈的质量运动的影响，也是戴明的忠实粉丝。在 1962 年，普利司通公司开始着手实施卓越品质管理，并在 1964 年导入"戴明计划"，第三次发起向"戴明实施

---

① 苏朝墩：《专访 QFD 发明人——品质大师赤尾洋二》，《品质月刊》，2003 第 11 期，第 17—19 页。

奖"① 的挑战。直到 4 年后，经过激烈的竞争，普利司通公司终于获得了戴明奖。就在同一年，由石桥正二郎亲笔书写的"以最高质量贡献社会"作为公司的宗旨。如果企业一把手是质量的狂热追求者，那么质量可以更轻松地被导入到企业文化之中。

在追逐戴明奖的过程中，普利司通轮胎公司建立了一系列的流程保证项目（包括 1966 年的质量导入项目），试图建立"真正质量"（True Quality）与"质量特性"（Quality Characteristics）之间的关系。"真正质量"是完全从使用者的立场来看，而"质量特性"则是厂家可衡量的参数，如重量、尺寸、磨耗等。至此，相对模糊的用户立场与厂家可以把握的质量特性终于可以建立起一种相互映射的关系。将发散的、非量化的用户需求，转换为聚焦的代用质量特性，预示着质量功能展开终于取得巨大的突破。

日本企业在质量实践中，为质量理论提供了肥沃的土壤。大量的工厂激发了对质量理论的顿悟。1978 年，赤尾洋二和水野滋共同编著了《质量功能展开：公司级的质量战略》，在著作中总结了代表日本企业实践成果的 QFD 的 27 个步骤。1983 年，他在美国质量学会的《质量进展》期刊上发表了关于 QFD 的文章，当时正赶上美国制造大力追捧日本质量的黄金时期。这一次，美国人变得如饥似渴了。1984 年，美国质量专家鲍勃·金（Bob King）从日本归国，率先在福特汽车公司推行 QFD。随着

---

① 当时，戴明奖分为戴明奖本奖和戴明实施奖。本奖是授予那些致力于"全面质量管理"的普及，在数理统计的手法研究取得了出色业绩的人士，以及在推进这一为向做出了突出贡献的人士。戴明实施奖是奖励那些实施"全面质量管理"后当年度业绩水平显著提高，并获得了认可的企业或者事业部门。

福特、通用汽车、克莱斯勒这美国三大汽车公司纷纷开始引用，大量研讨会也在美国各地召开——这已经成为国际性的质量贡献了。

因为 QFD 的流程形状就像一间屋子，所以美国学者把它形象地总结为"质量屋"，并且将其发表在《哈佛商业评论》杂志。这就像是质量屋里面，塞满了不同岗位的人物，大家需要从同一个维度理解别人的工作。一个很好的协同设计与制造的开始。质量屋成为 QFD 最有代表性的一种分析模型，受到设计师的追捧，在软件、服务、教育等领域也被广泛应用。1994 年，当赤尾洋二和水野滋的著作被翻译成英文版的时候，则直接采用了"用户驱动"（Customer-Driven）的字样。在用户需求与设计师之间建立了直通车，设计质量变得唾手可得。QFD 技术代表了一种事先策划和系统分析的方法，能够有效地识别"顾客之声"，并且系统地转化为工程方法。因此它体现了全面质量管理"顾客至上""源头抓起""定量化管理"的特征[1]。

1979 年中国质量管理专家刘源张先生率领的质量管理实习团，前往日本小松工程机械公司学习全面质量管理，其中内容之一就是编制质量表。回国后该团队撰写的报告对此做了介绍，这是中国第一份介绍 QFD 的公开资料。到了 20 世纪 90 年代初，受中国相关部门的邀请，赤尾洋二等日本 QFD 专家多次来到北京、上海举办学习班。

火花乍现，但没有可燃物。中国学术界对国外的技术保持了极大的

---

[1] 李跃生、邵家骏、苗宇涛编著：《质量功能展开技术》，国防工业出版社，2011 年，第 7 页。

敏感性，但还缺少企业界的呼应。或许中间应该有一个第三方的中介服务机构来协调推动。

对日本 QFD 赞赏有加的鲍勃·金后来创立了美国劳伦斯成长机会联盟/质量与生产力中心，开始系统性推广 QFD 模式。在他的著作《用一半的时间做更好的设计》中，对 QFD 模式有融会贯通的描述。美国供应商协会也给其会员提供了解读性的模型。[①] 这些机构努力解读 QFD 并持续性进行深入传播。

多年以后，赤尾洋二教授会继续更新他的理论，将其范畴进一步扩大：过去都是产品质量，以后将向流程质量进行转移[②]。这一点，从 ISO9000 标准也能看到这种从"产品"走向"流程"的迹象，尽管进展是比较缓慢的。

第六节　离不开的制造系统

日本制造的崛起，也并非以质量为单一主角，它的制造系统也是独树一帜，与质量相伴而行。享誉全球的日本精益体系，源自丰田汽车公司。从纺织机械起家然后开始造汽车的丰田，初期身单力薄，甚至还不是日本通产省扶持的对象。丰田过于强调自主制造而非跟国外合资生产，

---

① 李跃生、邵家骏、苗宇涛编著：《质量功能展开技术》，国防工业出版社，2011 年，第 7 页。
② 苏朝墩：《专访 QFD 发明人——品质大师赤尾洋二》，《品质月刊》，2003 第 11 期，第 17—19 页。

这给当时力主合资的日本政府留下一种轻佻的印象。日本政府转而扶持日产、三菱等企业，直到二战才改变了这种局面。

1950 年 6 月朝鲜战争爆发，被美国管制的日本制造业，受到了战争订单的强烈刺激。例如军用卡车，很多日本汽车企业都按照美国军标的要求来进行生产。这些在美国几乎被遗忘了的工业财富，在这里重新开始发挥作用。管制措施一一解除，丰田生产的卡车变成了畅销产品，丰田一直精心研究的制造系统开始发挥强大的作用。随着战事的发展，东亚乃至世界格局的形势发生了巨大的变化。日本作为制衡的节点，已经变成美国重点扶持的对象。美国工厂，也成为日本工业的课堂。为了向美国学习，日本产业界和学术界的人士蜂拥到美国工厂。福特胭脂河工厂，是观光客极为拥挤的地方。在福特工厂每年近 20 万络绎不绝的游客中，来自日本的观众相当特殊。他们往往不是戴着遮阳伞，而是戴着专业的眼镜。更直接地说，他们是来学艺的。其中，收获最大的人之一，是来自丰田汽车的大野耐一。他的慧眼，发现了福特汽车流水线的弊端。这是日本丰田的精益制造的开端。

大野耐一是丰田生产方式的缔造者。他以朴实无华的简练动作，完成了日本式精益生产。丰田在 1962 年开始导入"全面质量控制"，这也是丰田生产系统的基本构成，可以说精益生产天然是包含质量管理的。例如看板管理，实施条件之一就是必须保证所有部品都是合格的。只要存在不良品干扰，那么看板就无法运转下去。很多关于质量的现场改善的内容，往往会以精益的语境出现。

大野耐一孜孜不倦地构建了一套系统，有些做法甚至是对工匠精神的损伤。他在引入这套系统的时候，会在工人后面掐表，以便寻找最佳时间，这种来自泰勒科学管理理论的老套方式，让很多资深的工匠级老师傅很不高兴。为了节省时间实现更好的生产节奏，他将工具进行集中研磨，不允许现场技师只使用自己的工具。这种人和工具的分离，是对工匠精神的严重挑战。工具不离身，它浸满了个人经验的味道，是一种人生经历的隐性炫耀。那时，很多人都反对这位看上去有些毛毛糙糙的大野耐一的做法。他破坏了工匠之道，建立了全世界为之震撼的全新生产系统，也稳固了汽车的质量。质量，与工匠精神再次进行部分的分离。它表明，一个系统的可靠性，要远大于对个体匠人的经验依赖。工匠精神当然永存光芒，但它越发抽象，就像一种精神的激励。

大野耐一在 70 岁退休之后，他跨出了汽车行业，受邀为日本住友金属等企业做顾问。

丰田精益生产的另外一位功臣是新乡重夫。实现模具的快速切换从而让机器几乎不停地换模，是他的贡献之一。避免人一时迷糊而犯错误的"防呆防错系统"（Poka Yoke）的实践原理，也是新乡重夫发明的。他在质量零缺陷方面的研究与贡献也很突出。就在丰田的现场，构建一个高级系统，成为质量管理的核心。戴明对于"质量系统"的认识，在这里深深扎根。新乡重夫提出了根源检验法和防差错系统，将质量管理的范围，从企业本身延伸到了供应商。一个产品的质量，不仅取决于生产商，还与它的原材料、零部件供应商直接相关。

新乡重夫并不满足于现有的实践。如果说大野耐一是丰田现场的看护神，那么新乡重夫则是一个质量国际化的布道师。作为丰田生产方式的见证者和参与者，他后来离开日本去往欧美传道时，质量理念是其核心的内容，这使他在美国赢得巨大的荣誉。美国和日本政府，都为外来的专家发奖。戴明的工作在日本受到了极大欢迎，由此日本设立了"戴明奖"，以奖励在严格的质量管理竞赛中获得优胜的能者。而美国则为纪念新乡重夫设立了一个制造业的管理奖："新乡奖"（The Shingo Prize）。这是一个实力强大的国家，对以精益、质量为核心的制造系统的最高评价。

丰田的生产方式，很好地解释了戴明和朱兰的质量理论。这是一种订单拉动系统，生产线启停的号令来自用户的订单，而非厂长的主观计划。整个流水线的节拍，都是经过精心算计过的，上下工序之间，充满平衡。即使是同一个批量的订单，仍然可能被拆分，以保证工序之间的衔接。它设置了很多现场的小系统，以确保只要有产品故障，整个生产线就可能停下来，从而快速剔除故障品，并且能快速找到故障原因，防止下次再犯。这正是戴明所追求的稳定系统和朱兰所提到的质量控制，只是在时间维度上被切分成更小的时间片段。这种制造系统带来两个效果，一是尽可能高的质量（次品率很低），二是尽可能低的浪费（质量成本很低，失效产品很少）。这些都是朱兰的质量理论所强调的元素。

精益制造系统，很好地贯彻了质量精神。两者浑然成为一体，缔造了日本制造的精髓。

第七节　德国制造界的沉默

一群日本质量理论家的大嗓门，的确让人听到了日本制造商的声音。这让德国制造质量界沉默，而且格外明显。如果从历史的眼光去看，德国对于质量的贡献不仅在机器现场的那些安静的工人，还在设计师的脑海里。这些，很容易被质量理论淹没。设计是产品质量的基因，而德国的工业设计，早就与德国的产品质量融合在一起。

1948 年第一辆以保时捷为名的汽车诞生，它后来与英国的迈凯伦和意大利的法拉利一起，成为世界三大超跑制造商。此时日本的丰田汽车还在靠着丰田织机来维持丰田汽车的生存，它还在生产卡车并且艰难地寻找轿车的生产之路，如何赶上美国汽车的制造系统则是萦绕脑海的大事。而在德国，汽车工业的血脉，却并没有因为二战的失败而撕裂。

保时捷公司的名称是以创始人的名字费迪南德·保时捷（Ferdinand Porsche）来命名的。作为这个公司的开山之作，他儿子设计的新跑车被命名为"保时捷 356"：这是第一辆以保时捷命名的跑车。

其实此时的保时捷本人，早已名噪一时。1931 年费迪南德在斯图加特成立自己的顾问公司，也就是今天的保时捷工程咨询公司前身。很多人知道保时捷汽车，但却未必知道资深的保时捷咨询公司。作为一个德国中小企业的代表，保时捷咨询公司的创立，为汽车行业提供了宝贵的设计理念。这家咨询公司刚成立不久，就开始为当时的大众汽车厂，设计了一款谁也没能想到的全球畅销的小型车：甲壳虫。它的成就，超越了著名的福特 T 型车。

很多时候人们将福特 T 型车和甲壳虫放在一起谈论。但实际上，这两款车具有根本的不同。福特的 T 型车，本质上还是中产阶层的消费品。尽管福特当时提出要生产出工人可以消费得起的汽车，但当时的福特工人已经属于工人中的高收入阶层。而甲壳虫是致力于成为普通甚至中低收入家庭可以消费的汽车产品。低价并不意味着低质量，不因为成本压力去损害实用和功能。这是德国企业的倔强，而设计细节则发挥了令人沉醉的作用。

甲壳虫汽车，一开始就跟国民大众联系在一起。当时的德国政府，提出需要制造一款可以为大多数民众消费得起的汽车，所谓"人民的汽车"，而德国的质量理念，首要任务就是在于被使用。"人民的汽车"也是大众汽车公司名称的由来。

甲壳虫采用现今很少见的后置发动机、后轮驱动，可省去车底沉重的传动轴，以及空出车头较大的空间作行李箱。发动机为气冷式水平对置设计，风冷散热效率虽不如水冷式，但却与那时的发动机功率很匹配，即使严寒冬天也不必担心水箱结冻。甲壳虫底盘为密封式，掉入水里也不会马上下沉，甚至可以当作船只使用。而它的圆滑造型使用了流线型设计的原始理念，是最早进行风洞实验的汽车设计。在其研发过程中，设计者相当注意车子本身制作的水准和日后的维修问题，这些设计师对于制造过程的独特理解，让甲壳虫在战后的欧洲广受欢迎。由于甲壳虫的高质量和低成本，在二战中被广泛投入战场使用，成为民转军的反向案例。一般都是军用车的高性能版向民用转型，而很少有像甲壳虫这样成功的民用设计，还可以到战场上发挥作用的。质量可靠性，发挥了极大的作用，而这些都是靠着优良的设计做保障。

德国的质量，一开始就酝酿在设计师的图纸之内。这真是一个惊人的成绩。如果说质量学界的讲坛是被如百花齐放的美国和日本理论家所占领，那么德国奉献的则是一批工业设计的璀璨明星。这些设计师，从更加前瞻性的角度，影响了质量的形成因素。

而这与德国由来已久的工业设计传统，环环相扣。这需要抬高视线，前探到更远的时间，才能看见那些传承下来的脉络与根源。

彼得·贝伦斯是德国现代主义设计的重要奠基人之一，也是工业产品设计的先驱人物。他从1906年7月开始在德国通用电气公司担任艺术顾问，致力于为普通大众消费者服务的大工业批量产品的设计。他改变了工业设计过于艺术化和繁复化的倾向，而专注于降低产品制造成本。他被奉为德国第一位"工业设计师"。赫赫有名的包豪斯风格，来自于包豪斯学校。它的创始人，建筑大师瓦尔特·格罗皮乌斯（Walter Gropius），正是贝伦斯的学生。1919年格罗皮乌斯在德国魏玛创建了国立建筑学校，校名简称"包豪斯"，其目的是培养新型设计人才，主张艺术与技术的统一，强调设计的目的是人而不是产品。

包豪斯深刻影响了德国和世界的工业设计，曾在包豪斯学习和任教的威廉·华根菲尔德（Wilhelm Wagenfeld）被认为是20世纪最重要的工业设计师之一。他在学校的金属车间，创建了众多经典的产品。例如镀铬钢管和乳白色灯罩的台灯，至今还可以在今日的台灯中找到影子。它们往往都是用简练的线条，来突出实用性，给人一种非常克制的装饰风格。功能，不能作为形式的决定性因素，因为功能并非最终目的，而只是良好设计的先决条件。这种因果倒置的认识，给后来的设计师们打开了一扇开阔的门窗。他也反对"自我中心"的设计观念，而认为"工业中的设计是一种协作的活动"，与艺术家的工作毫无共同之处。

被誉为当代颠覆性设计大师的卢吉·科拉尼（Luigi Colani），引领了以自由的造型来增加趣味性的先锋潮流。得益于之前学习空气动力学，并对仿生学有所研究，科拉尼的设计造型都极为夸张大胆。他在1959年为宝马开发的单体构造"BMW700"跑车，成为轿跑的一代经典。他的名言"我的世界是圆的"给了无数设计师以共鸣的灵感。这种将功能与外形，连同空气动力学相融合的设计理念，造就了汽车界广为人知的流线型设计。

毕业于慕尼黑大学的理查德·萨博（Richard Sapper），除了本专业的商科课程之外，还学过哲学、平面设计、工程学等专业。他曾经在斯图加特的戴姆勒·奔驰公司工作，成为一名风格设计师，在1958年迁居意大利并成立了自己的设计室。由于拥有交叉学科知识，他的设计可以从不同领域借鉴经验，利用边缘学科的交叉作用，而形成了功到自成的现代设计。萨博的设计是现代设计综合性、边缘性的一个缩影。笔记本电脑的标杆级产品"ThinkPad"的原始设计即出自萨博之手。史蒂夫·乔布斯（Steve Jobs）的苹果公司刚一上市，就想请萨博操刀新一代苹果电脑的设计。但是，萨博看不上当时的苹果而一口回绝，之后应IBM之邀设计的"ThinkPad"把苹果电脑挤兑得差点关门，连"ThinkPad"的名称都是苹果心仪而不能用的。多年以后，令苹果东山再起的工业设计的灵魂人物乔纳森·艾维（Jonathan Ive），也是深受德国工业设计影响的设计师。他是工业设计大师迪特尔·拉姆斯（Dieter Rams）的粉丝。

是的，到了拉姆斯登场的时候了。英雄不会独自出现，而是经常出现在一个群体里，并成为一个群体的代言人。

前面登场的德国设计师们，名气都不如拉姆斯。这位信奉"少，却更好"的工业设计大师，是众多德国工业设计理念的集大成者，倡导功能主义和极简主义。跟绝大部分德国设计师一样，他也是从家具开始起步。很多德国工业设计大师都有当木工的经历。

1961 年开始，拉姆斯进入了工业产品设计领域，担任博朗电器的设计部主任，开始了他璀璨的工业设计生涯。他为博朗设计了一系列闻名世界的作品，苹果手机的计算器界面就是向拉姆斯致敬的设计，与当年博朗计算器如出一辙。通过博朗的工业品设计，拉姆斯不断完善和深化他的设计理念，并在乌尔姆设计学院影响了众多的后辈工业设计师。一代又一代的设计师们，令家用电器、办公用品，以及汽车等都形成了强大的冲击力。

这些设计师所倡导的想法中，可以看到德国设计的特色：实用、便民和持久。而且，他将社会责任灌注在设计之中。这跟美国产品商业化的"有计划废止"① 完全不同。以美国为代表的自由经济国家，常常出现

---

① 有计划废止制度在二十世纪二三十年代，由通用汽车公司提出，即在设计新的汽车式样的时候必须有计划地考虑以后几年之间要不断更换部分设计，形成一种制度，使汽车式样工少每两年有一次小变化，每三四年有一次大变化，形成有计划的式样老化过程。这个设计理念首先在汽车领域获得了比较好的收益，继而被应用到其他的产品设计领域。

在商业压力下放弃设计基本原则。对此，拉姆斯表示了轻视的看法，在他看来，美国式设计所推行的"有计划废止制"是设计的罪恶。而德国工业设计所提倡的"可持续设计"，则大大降低了产品报废对于环境的影响，从而做到人、生产和环境三者的和谐。

如果说德国式的可用祖孙三代的笨重的铸铁锅，是一个德国可持续设计的代表，那么涂着特氟龙半年就需更换的铝制轻盈的不粘锅可能就是美国"有计划废止"设计的典型。从客户体验来说，或许美国特氟龙锅更好一些。但是，一味讨好客户的感受，是否就是理性？如果去垃圾场看到那些堆积如山的特氟龙锅，会有如何感受？如果从百年的时间跨度、从人类的生存与环境来看百年铸铁锅和便于丢弃的特氟龙锅，质量的内涵或许需要重新体会。

拉姆斯最为著名的理论，就是好设计的十项准则，包括"创新、实用、美学价值、易于理解、内敛低调、纯粹简单、巨细靡遗、历久弥新、保护环境、设计精简"，这一项设计准则，至今依然能击中当代设计师的心弦。以拉姆斯为代表的德国工业设计，将长远地存在于人们的记忆中。拉姆斯受到苹果CEO乔布斯的极力推崇，而日本工业设计大师深泽直人等也是拉姆斯的追随者。他的诸多设计都被世界多家博物馆永久收藏。

德国工业这种独特的设计理念，改变了质量属性的形成路径。它以完善的设计，避免日后制造的质量缺陷，独辟蹊径地改善了质量。设计之如制造，犹如春雨之于大地，润物有泽细而无声。这让人们意识到，跟德国沉默的质量理论相比，日本在质量领域的建树也不应过于高估。观察德国质量需要更换新的显微镜镜头，只有这样才能发现它的独特。

如果说德国质量浸润了设计师的理念，那么影响设计师的理论又从何而来？

包豪斯无疑是德国设计的一个传奇，二战之后，它有了新的继承人：乌尔姆设计学院。它致力于理性主义设计理论的研究，全盘采用包豪斯的教学方法，开创了系统设计方法：通过高度秩序化的设计，让杂乱无章的要素变得具有关联性和系统性。工业设计中系统设计的思想早在 20 世纪 20 年代的德国就初见雏形，当时更多聚焦于如何使产品系列化，既满足批量生产又一定程度上满足市场多样化需求。它的应用首先在于制造一个基本模数单位，然后在这个单位上反复发展，形成完整的系统①。

德国乌尔姆设计学院与博朗公司常年深度合作，保障了设计与工业生产的有机融合。该学院在其工业设计探索的历程中，慢慢形成所谓"乌尔姆模式"，将人文科学、人机工程学、自然科学及工业技术引入教学中来，并且在技术与艺术间寻找适度的平衡。

一个好想法在世界上永远不会孤独，它很快就会出现在其它地方。在美国麻省理工学院媒体实验室，就可以看到"乌尔姆模式"这种思想的落脚之地。这是一个致力于将科技、媒体、艺术和设计相融合的跨学科研究室，以便"创造一个更美好的未来"。而媒体实验室创始人是尼古拉斯·尼葛洛庞帝（Nicholas Negroponte）教授，他在《数字化生存》一书中塑造了很多人对于互联网的想象。这个媒体实验室有很多黑科技产品，

---

① 陈洪、张英明：《当代工业设计中的系统设计思想》，《设计艺术》，2001 年第 2 期，第 12 页。

包括智能车、人工腿、情绪感知球、电子油墨等五花八门的研究。这个神奇的实验室，也被冠以"未来工厂"。

乌尔姆设计学院开创性地推动了产品易用性的设计，这是产品用户体验当中非常重要的一环，是体验质量的重要部分。秉持"本质研究"观点，该学院针对产品的使用问题与学生们一起做了一些基本分析。这期间，毕业于该学院的理查德·费舍尔（Richared Fischer）开始推动"预示功能"的设计理念。它鼓励用户通过视觉观察来理解产品如何正确使用。

这样的思考，美国人也注意到了。美国麻省理工学院电子工程系毕业的唐纳德·亚瑟·诺曼（Donald Arthur Norman）是认知科学学会的发起人之一，他后来攻读了心理学博士学位。这让他的兴趣转向了产品设计的人性化及可用性。20世纪70年代开始，认知心理学家就已经关注人机交互。而他在1988年所著的《设计心理学》一书中提出，设计一个有效的界面；不论是计算机或门把手，都必须始于分析一个人想要做什么，而不是从屏幕该显示什么开始；一个良好开发的完整产品，应该让用户拥有愉悦的感觉去欣赏和使用。显然，这些理论，都提醒设计师需要提前沉浸在对于产品使用情境的思考。一个产品体验不能让用户使用起来左右为难：这是质量管理的大忌。受到挫折的用户，会将这些不安的因素，归为子虚乌有的"质量问题"，而让厂家蒙受损失。这些看似抽象实则实用的心理学，也逐渐导向了"产品语言理论"，成为此后的界面与交互设计的重要基石。

可以说，一个产品的造型，能够代表产品的一切。这并不是说，造型完全都是为了取悦用户，而是说，它也要同时更好地服务于制造，避免因为加工与装配而产生过多的质量缺陷。

沉默的德国设计师，靠着满地星火的作品，成就了德国质量的大名，让人动容。而德国汽车界的设计师，则激发了人的强烈情绪共鸣。甲壳虫的成功说明了设计师对于汽车工业发展的准确预判，尤其是对于抽象的产品质量的深度理解。它反映了德国质量的一个理念，那就是产品理性主义与功能主义至上，产品的质量以适用为第一前提。多年前标准化与艺术品之争的"科隆论战"的辩论声，此刻又再次响起；而包豪斯主义，以及乌尔姆学院的设计原则，都是甲壳虫汽车诞生的良好土壤。而且，一批工业设计师也登上了制造的舞台。保时捷是其中的典型代表，保时捷家族中祖孙三代都是成就显著的工业设计师。保时捷的孙子所设计的"保时捷 911"，在 1968 年获得设计大奖，并一举名扬天下。而在 21世纪第三个十年，电动车开始受到广泛关注的时代，电动款的 911 则应时而生，依然惹人注目。这两款车，一款是人民车的代步工具，一款是豪华车的顶级代表，都引起了时代的关注。唯有如此关注设计的产品，才能有如此持久的生命周期，甚至超越了设计师本人的寿命。

第八节　中国"三个三"的理论

不同国家的质量观，有着不同的成因。不了解一个国家的制造发展历程，就很难理解质量文化的形成。日本和德国的制造，在二战后 30 年间，上演了不同的故事剧本，背后的质量情景也就各有差异。而中国的质量发展场景，更是与其大不相同。

20世纪50年代前苏联援助的156个工程项目，对新中国的工业体系产生了重要影响。苏联的工业运行机制，也因此对中国制造投射出绵长深远的影子。它以速战速决的项目方式，省略了工业化步步为营的探索，节省了大量的时间，也留下了众多的暗坑。它以统购统销的配额体系，忽略了顾客的个性和主张，也削弱了产品的质量特性。那时，质量只是大工程项目的附件，仅视为可有可无的舶来品。当人们开始用双手操作机器进行工业化生产时，头脑里的农耕时代的印象还不曾散去。动手和动脑二者的分离，构成了一种飘忽不定的质量观。很显然，人们需要更长的时间，才能逐渐将新的质量意识注入脑海。

战争对于工业思维的改造，带有先知性和彻底性。因为在战斗现场，枪炮弹药的质量都是与生命的鲜血浸染在一起。朝鲜战争，也让新中国对产品质量的残酷性有了深刻的体会。质量体系，必须要健全起来。1955年1月，中国国家计量局成立。同年，中国计量科学研究院建院，开展计量科学基础研究、计量管理体系研究等工作。它初期围绕着长度、温度、力量的一堆精密仪器而开始，但它担负着确保国家量值统一和国际一致、保持国家最高测量能力、支持国家发展质量提升，应对新技术革命挑战等主要使命，承担的是中国未来的基石。

1956年中国质量大师刘源张先生从日本回国，被钱学森邀请到中科院力学所新建的统筹研究室工作。从这里开始，"QC"（Quality Control）被翻译成"质量控制"。与中国不同，日本在已经启动的质量革命运动中，则将"QC"翻译成"质量管理"，并且出版了一份名为《质量管理》的刊物。而在中国的工厂里，开始靠近质量的岗位，通常被称为"质量检验科"或者"质量检查科"。"质量检验"这个词是从俄语直接借鉴过来的。这个词在俄语里有一点点控制的意思，但被翻译成中文的时候，则更加突出"检查"。

质量到底需要的是检查、控制，还是管理？这个翻译过来的词该如何表达，看似是概念的小事，实则是现场的根基。在漫长的岁月和无数的实践中，这些概念经常会引起实践者的困惑。对质量的理解，人们很难超越所处的时代，它最终是由远离制造车间的那些消费者所决定。但生产者和消费者之间的距离，是如此的漫长，以至它看上去只能由制造者说了算。

20 世纪 60 年代初，中国出现了第一部推广企业管理纲领的"鞍钢宪法"，这是鞍山钢铁公司为了鼓励广大职工参加管理、克服官僚主义倾向而总结出来的一套企业管理基本经验。这套文件的基本要义是"干部参加劳动，工人参加管理，改革不合理的规章制度，工人群众、领导干部和技术员三结合"，即所谓"两参一改三结合"的制度。它与苏联的"马钢宪法"（以苏联一家工厂命名）有点针锋相对的意思。"马钢宪法"体现了当时苏联的"一长制"，即部长、局长、处长、科长等都是各自单位层级里面说了算的人物。当时很多政府单位、工厂、高等院校等都有苏联顾问，也以"一长制"的权威而自居。有人认为这种方法是一言堂，不符合工厂里的实际需要，因此产生了"两参一改三结合"。"鞍钢宪法"对外披露并推广的时候，正是中苏关系的紧张时刻，随后苏联撤走了全部援华专家。

在中国企业管理史上,"鞍钢宪法"具有里程碑的作用。它在当时如一座温润的灯塔,重新照亮了建设工业之路,冲破了由于苏联专家的突然退出而留下的黑暗。在质量方面,它强调了设计人员参与现场、参与后期质量管理的讨论,这是非常先进的理念。刘源张先生认为,这是中国自己最早的质量管理模式。可以说,对于中国质量理论而言,这是一个不错的开端。它一开始就与中国组织管理的系统,绑定在一起。

1960年6月,中共中央政治局在上海举行扩大会议。会议主要讨论国际形势和"二五计划"后三年(1960年至1962年)补充计划问题。这次会议上特别强调,"今年和今后两年的基本建设,盘子绝不可以搞得过大。数量不可不讲,但质量要放在第一位";并进一步强调,"报告指标要修改,讲质量、品种、规格,把这个提到第一位,把数量放在第二位"[①]。在当时,中央军委积极推动国防工业企业的军用产品质量建设,并促进了中央政府推出"质量第一"的方针。高层领导的质量意识,已经跃然纸上。但要把它落地到实践中绽放光芒,仍然有很长的路要走。

1961年9月,对中国企业影响深远的《国营工业企业工作条例(草案)》发布。该条例共10章70条,也称"工业企业七十条",其中的技术管理章节中,要求每个企业都要把保证产品质量和不断提高产品质量

---

① 中共中央文献研究室编:《毛泽东年谱(1949—1976)》第4卷,中央文献出版社,2013年,第415页。

当成首要任务。"鞍钢宪法"的管理制度，也在这里被正式确认。然而，质量虽然被作为中心，但它注定还无法成为主角。就包产包销而言，在一个物资极度缺乏、产品需要以粮票布票等物资票才能买到的时代，产品质量似乎只能取决于生产制造商的兴致。道德，成为了质量的守护神。大庆油田除了有众所周知的英雄"铁人王进喜"，还有一套"三老四严"和"四个一样"的提法也很出名，那就是"当老实人、说老实话、做老实事；严格的要求、严密的组织、严肃的态度和严明的纪律"；"夜班和白班干工作一个样，坏天气和好天气干工作一个样，领导不在场和在场干工作一个样，没人检查和有人检查工作一个样"。大庆油田要求对待质量也要坚持这些原则。这些顺口溜的口号，维持了质量的秩序。

1963年，第一机械工业部在大连的一次会议上，总结了"三个三检验工作法"的质量理论。第一个"三"指的是，首件检验、中间检验和最终检验；第二个"三"指的是，自检、互检和专检；第三个"三"指的是：检验员首先是宣传员，其次是指导员，最后才是检验员。刘源张先生对此评价很高，认为这个质量理论是精神管理与科学管理的有机结合。[①] 很多日本和美国质量界的同行都对中国"三个三"的理论表示了极大的兴趣。

从1966年开始的十年，工业发展受到了政治运动的影响。彼时，"三个三"的理论再无人提及，更谈不上推广，产品质量降至低点。

---

① 刘源张：《感恩录：我的质量生涯》，科学出版社，2011年，第17页。

质量，向来是工业思维的投射物，种瓜得瓜，立竿见影。在 1976 年唐山大地震的抢救中，派往震区的汽车有 20% 开不动。[①] 当时 11 个被抽检的铲车企业中，只有 1 个企业的产品整机性能合格。1977 年机械部举行质量整顿会的时候，第一汽车制造厂有 18 辆 "CA - 30" 越野车赶运过来，但是从货车上卸下来时只有五辆车开得起来[②]，其他的就像从水里捞出的死螃蟹一样，一动不动。

工业化的程度，决定了对质量的认知。如果工业化处于探索期，质量也难以找到合适的载体。20 世纪 70 年代末，当 "日本制造" 以高质量的标签，风风光光走向国际舞台的时候，中国的质量管理刚刚进入了启蒙期。

1978 年，是中国质量历史曲线浩荡向前的一个驻点。就像是奔流入海口的港湾，激流在这里盘旋，许多事件需要记录，值得回味。

1978 年，刘源张先生在日本的老师石川馨，来到北京内燃机厂指导开展全面质量管理，并建立了中国第一个质量管理小组。就在第二年，中国质量协会成立，推动各类组织开展质量管理小组是其重要的活动之一。中国质量协会在之后的四五十年中持之以恒，给中国质量界培养了大量的人才，质量管理小组是中国质量史上宏大的基层耕土。北京清河毛纺织厂是另外一个较早实践质量管理小组的企业。每个星期五，厂级领导都会和车间负责人碰头研究质量问题。"三全质量法" 也是在这里总

---

① 中国机械工程学会编著：《中国机械史（通史卷）下》，中国科学技术出版社，2015 年，第 476 页。
② 刘源张：《感恩录：我的质量生涯》，科学出版社，2011 年，第 122 页。

结出来①，"全过程，从头到尾（包括用户需求和售后服务）；全员参与，从上到下；全方位，从左到右（工序）"，非常有章法。

北京内燃机厂和北京清河毛纺织厂，算是重工业和轻工业的两个代表。中国质量的理论实践，不知不觉地从北京制造开始。北京内燃机厂的影响力，似乎更大。当时北京内燃机厂有上万人，为拖拉机和船舶提供内燃机，市场份额占全国三分之一。北京内燃机的质量经验得到了广泛的关注，《人民日报》也为此报道：内燃机上的一个挺杆，借助于质量理论，连续 40 万件无废品。这在当时可是轰动现象。轰鸣的机器和热情高涨的职工，让这两个工厂的车间成为中国质量与国际质量理论相接轨的启蒙之地。

1978 年，国家标准总局和国家计量总局先后成立。中国第一个质量月也是在这年发起的。当时举行了广播电视大会，国务院领导也参加，盛况空前。质量如果是一位客人，它跑遍全世界恐怕也找不到如此荣耀的舞台。质量月的活动之一，就是国务院的各位部长，亲自接待群众甚至背回次品废品，让人动容。中国质量月，以一种高调的方式，宣布着中国质量的觉醒。

同样在 1978 年，中国引入第一条彩电生产线，定点在上海电视机厂生产。但电视机依然是奢侈品，彩色电视机更是非常罕见。当时，全国一年生产黑白电视机的数量只有 52 万台。上海电视机是其中的佼佼者，

① 岳志坚主编：《中国质量管理》，中国财政经济出版社，1989 年，第 421 页，第 337 页。

·

但平均无故障的工作时间也少于 500 小时，这意味着要想一年之内不出故障，每天只能看 1 个半小时（5 年之后，无故障时间可以达到 5 000 小时，而在 30 年之后，这个时间达到了 10 万个小时）。电视机用了一个月就要返修的比例达到了 21%，而用了一年之后的返修率达到了惊人的 87%。也就是说每 100 台电视机在一年之后只有 13 台不需要返修。电视机作为当时重要的民众娱乐载体，却像是泡在质量灾难河中。由于电视机故障频繁，用户非常愤慨，报纸上也刊出了讽刺电视机质量的漫画。同样在这一年，北京电视台正式更名为中央电视台，从此开启主导了中国百姓每晚注意力的黄金之旅。当时可能没有人意识到，家电会成为中国率先突破质量障碍，走向国际舞台的产业。此刻，无可奈何的人们，只能用小品、漫画来讽刺那些令人哭笑不得的现实。

1978 年，中国第一个质量月的活动主题是"生产优质品光荣，生产劣质品可耻"。这个口号，旗帜鲜明，反映出当时人们对于质量的认知。初登殿堂，质量带着一顶道德的帽子。

从二战结束后到 20 世纪 70 年代末，经济奇迹并不是日本独享的荣耀。美国进入了任由机器轰鸣就可以源源不断生产财富的黄金年代。欧洲工业在马歇尔复兴计划的扶持之下迅速扩张，美国则是其重要的参考样本。可互换零部件和流水线依然是美国制造体系的特色。[①] 成熟的福特流水线体系，成为让前往美国调研的欧洲技术经理们瞠目结舌的魔法

---

① 大卫 E. 奈：《百年流水线：一部工业技术进步史》，史雷译，机械工业出版社，2017 年，第 135 页。

机器。欧洲美国化，成为美国决策者所希望并且最终成为现实的一个样板。而德国则迅速恢复了制造常态，使工业设计和可以信赖的工人，以及完备的质量体系，成为德国制造的特色。

日本则有所不同，它并不是回到旧态，而是纵身一跳，跃迁到新的轨道。日本挤进了一个本来不属于它的优质制造俱乐部。如果说德国重现了质量的光芒，那么日本则成功地将质量当成了敲门砖，叩开了世界之门。在这 30 年间，放在全球工业史的进程来看，中国质量管理的发展，仿佛印错了章节的历史书，难免有一点错位的感觉。质量，在"当时中国制造"的版图里，还没有找到自己的位置。但是，中国质量带着极大的冲击力而来。这是一股大胆的小河，它用速度冲刷着两边的堤岸和身下的河床。无论是宽度还是广度，它都试图寻找出全新的发展路径。

第四章

聆听大师的神话（1980—1989 年）

历史还可以作为一个过滤器，我们可以通过它来考察新的管理潮流和时尚。

——英国管理史学者、作家摩根·威策尔
（Morgen Witzel）

第一节　日本引发的恐慌

20 世纪 80 年代是工业质量史上的黄金时代。这个时期，日本已经确立了一个神话，那就是一个国家可以通过改进质量而成为世界强国[①]。美国深受震撼，当时整个美国制造业除了少数领域如飞机、武器之外，大都面临着日本如潮水般的挑战。美国有关质量的诉讼案件，出现得越来越多。在律师们或善意提示或恶意教唆下，大批民众抱团诉讼形成的天价处罚，让制造商们头疼不已。社会的观念，从"让买者小心"，转变成"让生产者小心"。质量，不仅催促美国制造追赶日本的脚步，更是成为让管理者免除心惊肉跳的良药。

在日本，状况则迥然不同，质量已经成为英雄的象征。1982 年，日本最大的工程机械制造商小松公司，任命野川为新任总裁。这是一个非常特别的任命，野川能够当选，就是因为他对"全面质量控制"的贡献。

---

① 詹姆斯·埃文斯，威廉·林赛：《质量管理与卓越绩效》，中国质量协会编译，中国人民大学出版社，2016 年，第 13 页。

小松公司在 1959 年就获得过"戴明奖"，1981 年获得了"日本质量控制奖"。野川从 1961 年开始，就是公司推动"全面质量控制"的主力选手。[1] 可以说，这次任命是让质量人扬眉吐气的一次高光时刻。这时，日本整个国家进入质量管理发展的巅峰，全世界的工业界都无法不注意到日本的成功。当质量被看成是国家竞争力的秘密武器之时，那些传播质量理念的研究者也开始被封神，并受到广泛关注。似乎刹那间，人们在情绪上构建了一座宏大的质量宫殿。质量大师被请入殿堂，开始接受蜂拥而入的膜拜者的欢呼，这也是质量大师们活跃的时刻。

或许戴明在日本太成功了，当他回到美国的时候，发现跟日本同行相比，美国的质量管理体系简直摇摇欲坠。从 20 世纪 70 年代末起，戴明同美国主要组织机构合作，开始大力推广质量理念。但是，效果寥寥，不温不火。他在日本的工作并没有引起美国同胞的注意。

然而，时代已经不同了，美国企业界开始陷入对日本同行的恐惧之中。在整个 20 世纪 80 年代，美国制造笼罩在咄咄逼人的日本产品之中。从汽车、家电，到半导体，日本的竞争是美国企业绕不开的梦魇。美国质量的抱负，意外地受到了日本质量运动的碾压，大大挫伤了美国管理者的信念。撕裂了肌腱的运动员，还能重返赛场吗？

在第一次石油危机之后，美国汽车制造业遭受重创，以小为美和低油耗著称的日本汽车已经悄悄地成为美国市场的宠儿。巨大油耗的悍马

---

① 今井正明：《改善》，周亮、战凤梅译，机械工业出版社，2021 年，第 203 页。

汽车，被视为笨重的嘲讽对象。

不只在汽车领域有"笨重的大象"。对于施乐公司（Xerox）而言，20世纪 70 年代是令人难以置信的跌落光环的十年。1970 年，日本佳能公司进入普通纸复印机市场，理光和美能达则紧随其后。面对施乐牢不可破的垄断性市场地位，以及商业模式固若金汤的复印机市场，日本公司发起了总攻。进攻者进入了小型企业的复印机市场——这个市场一向不被施乐看好。1975 年对施乐而言更是雪上加霜，由于美国联邦贸易委员会关于非法垄断的指控，施乐被迫开放 1 700 项专利权给竞争对手。双向夹击之下，施乐市场份额急剧下降，至 1982 年只有 13%，在复印机市场的一角苟延残喘。十多年里，施乐公司从压倒性的优势一路跌到谷底①。

这些日本商品大举"入侵"的现象，引发了恐慌。日本质量，则成为一个让美国既愤怒又焦虑的焦点话题。1980 年 6 月，美国全国广播公司播放"如果日本能，为什么我们不能？"的专题片，直接批评美国制造被日本反超。这个纪录片长达 90 分钟，其中包含了对戴明的 15 分钟访谈。而戴明的提议简单而令人沮丧：模仿日本。日本所有制造崛起的原点，就是生产质量的革命。

这个纪录片在美国制造界引起巨大的轰动，尤其是戴明——神奇的缔造者，居然就神秘地居住在身边。这是多么容易令人感动的故事。一举成名，戴明成为美国制造界人人想见的人物，而质量则变成立刻、马

---

① 三谷宏治：《经营战略全史》，徐航译，江苏凤凰文艺出版社，2016 年，第 124 页。

上、不能拖延的问题。戴明的秘书曾经回忆："电话多得接不完。而且，来电的人都有一个共性，那就是特别着急。给人的感觉是，如果不能马上见到戴明博士，整个公司就垮了。"[1] 美国企业界，终于找到了渡过日本洪水满天的方舟。福特汽车公司的负责人也是焦急等待上船的渡客，那时的福特亏损巨大。新款的"金牛座"（Taurus）车型被视为秘密武器，担负着复兴福特的任务。如何制造会更好？福特总裁当时派出的副总裁遭到了戴明的拒绝。他坚持，没有一把手的亲自邀请，绝不肯主动上门。这不是戴明的骄傲，而是企业家需要表现的诚意。而在当时，这样的诚意，到处都是。结果，从 1983 年开始，福特汽车总裁每个月都会跟戴明开一次早会[2]。福特的反应，正体现了企业界崇拜质量大师的潮流级现象。所有经营不善的谜面，都指向一个谜底：质量。

美国全国广播公司的制片人并不是第一个发现同胞奇迹的，来自美国《财富》500 强的纳舒公司的总裁比尔·康威（Bill Conway），才是最早发现戴明价值的美国企业家。他把戴明请入到 Nashua 公司做战略顾问，尊敬有加。戴明还在公司做顾问的时候，他离职并成立了自己的质量咨询公司，也成为质量界响当当的人物。这是一个美好的质量时代，令人欣喜鼓舞。

美国的质量理论，在接下来的十年有着空前的繁荣。质量大师，纷纷登堂入殿。

---

① 郭彬：《创造价值的质量管理：质量管理领导力》，机械工业出版社，2018 年，第 110 页。
② 肯尼斯·霍博、威廉·霍博：《清教徒的礼物》，人民东方出版社，丁丹译，2016 年，第 297 页。

第二节　石川馨的"十八般武器"

日本质量界首屈一指的人物是石川馨，是当之无愧的质量领袖。他对美国质量理论的兼收并蓄，以及对日本制造的上下贯通，成就了日本伟大的质量革命运动。

石川馨从 1962 年开始推行质量控制小组，这是一个在工作现场自发进行质量管理的小团体，后来也被称为"质量圈"或"质管圈"。质量圈是由一个一个的最小单位的质量单元组成，通常是 3 至 7 人，且持续性存在[①]。它就像是兴趣小组，发挥着微循环的作用。

"质量圈"的名称听起来简明扼要，组织起来也相对简单，在全球很快风靡开来，但是对它的误解也不少。质量控制小组的活动，尽管看上去只是针对车间内部的改善，但是仍然需要强大的支撑系统。按照石川馨的观点，首先，"质量圈"的作用需要有"全面质量控制"作为支撑。在日本，就是先有了"全面质量控制"，再有"质量圈"。对于小企业来说，也可以从组织"质量圈"开始，但要发挥它的作用依然需要"全面质量控制"。这意味着"质量圈"的活动不是员工的怡情自乐，而是必须有高管人员参与其中才能真正实施。

---

① 石川馨：《质量管理入门》，刘灯宝译，机械工业出版社，2021 年，第 182 页。

有些质量圈之所以维持的时间很短，就是因为管理者没有设计出相关的保障系统，往往只以节省多少资金作为目的，而对过程产生的创新活动根本不感兴趣①。这种质量圈就会无疾而终。同样值得注意的是，质量圈的活动是自主性比较强的活动②。石川馨对质量圈全面控制熟透在心，消化吸收之后，推动日本从高层领导到一线，直至员工都全面参与，从而减少对质量专家的依赖。质量圈就是在这种宏大理念下普及的一个硕果。

正如石川馨所说的，管理和改善的队伍是两拨人群。③ 管理，往往是维持现状，防止恶化；改善则是提高能力。看得出来，他应该是吸收了朱兰的《管理突破》中论述的思想。石川馨的理论，覆盖了方方面面。他最早注意到了产品寿命的取齐性④，也就是同品同寿。例如一辆汽车的一个轮胎与另外一个轮胎，使用时间应该差不多。同一类产品的寿命，要达到一定的期望值，不能有太大波动。还有就是配品同寿。一个关键零部件与它的配件，大致寿命应该相当，否则就容易造成资金浪费。

虽然有石川馨这样的质量大师提出警告，但日本的半导体行业似乎并没有接收到质量信号。当时，日本六家存储器公司几乎垄断了存储器市场，但对个人电脑的折旧速度估计不足。一台电脑平均在 3 至 4 年之后就会被更换，而存储器的质量却依然按照工作 5 至 10 年去准备。成本

---

① 今井正明：《改善》，周亮、战凤梅译，机械工业出版社，2021 年，第 18 页。

② 石川馨：《质量管理入门》，刘灯宝译，机械工业出版社，2021 年，第 79 页。

③ 同上，第 71 页。

④ 同上，第 305 页。

增高使得日本存储器竞争力不足，从而把市场拱手给了美国和韩国。

有些场合，质量会让人觉得它像玄学。它的道理很容易听懂，而且可以用不同的语言风格，反复重现。可以说，质量领域有很多金句，很多座右铭。从这个意义上来看，质量课真是一门励志课，它需要高管反复诵读，也需要各个部门不停操练。

在更多场合，质量表现出的是一门质朴的显学。它的统计数学根基是牢固的，历久不衰。因此，质量也是枯燥的。质量部门套在质量圈子之中无法摆脱，而其他部门看见数学就会望而生畏，从而让质量的各种兵法技艺大打折扣。石川馨下决心要改变这一点。

如果要描述石川馨这样的质量大家，最形象的描述莫过于"十八般武器样样精通"。他从实践出发，开发了很多非常有用的工具。质量管理中的工具，有"七种武器"之说，其中鱼骨图等都跟他有关。他对于工程结果与影响要素之间的关系，采用了因果图的方式来表现。由于呈现鱼刺状，这种图示又被形象地称为"鱼骨分析图"[1]。这是根因分析的经典图表。石川馨一贯非常重视管理图等图表的应用，这可能是因他受到美国质量界的影响。1958 年西方电气公司 3 000 名职工绘制了大约 5 000 张管理图。柯达公司，5 000 名员工也绘制了包括销售管理在内的 3 500 张管理图。与戴明等美国质量界大师的密切接触，让石川馨了解到了这些令人震惊的细节，使得他对管理图的使用十分推崇。

---

[1] 石川馨：《质量管理入门》，刘灯宝译，机械工业出版社，2021 年，第 201 页。

在制造产品质量的鱼骨图中，著名的"5M"被勾勒出来①。"5M"是英文"Man""Machine""Materia""Method""Measurement"的首字母缩写，描述了人、机器、材料、方法和测量的五大因素，后来加上环境，构成了"人、机、料、法、环、测"六大因素——如果要描述一个车间，这无疑是相当简练的素描。石川馨用这些要素寥寥几笔对质量进行管理，犹如写意画的高手，几笔落下，尽得精髓。

石川馨吸收了戴明的"统计学平民化"的理念，大力推动"大众化统计学"，让每人都能理解统计分析的魔力②。他相信公司内 95% 的质量问题，都可以用简单的分析工具和物理工具来解决。在他之后，有人开发了所谓质量工具的"新七种武器"，主要面向设计质量，可以说是对传统"七种武器"的缔造者致敬。石川馨也讨论了设计变更带来的开发周期变长，以及制造成本上升的问题。结论是，设计变更越早发生，对后面的影响就越小。他还有一句名言是"质量控制始于教育，终于教育"③，强调了学习的强度与持续的长度。他用一生的时间证明了，质量之事人人可为，质量之课终身可学。

1981 年石川馨出版《什么是全面质量控制：日本式质量》一书，让日本业界意识到质量管理是"全公司范围的质量控制"（Company Wide Quality Control，CWQC），从而将"小质量"拓展成"大质量"。朱兰认为，

---

① 石川馨：《质量管理入门》，刘灯宝译，机械工业出版社，2021 年，第 59 页。
② S. 托马斯·福斯特：《质量管理：整合供应链》，何桢译，中国人民大学出版社，2018 年，第 34 页。
③ 石川馨：《质量管理入门》，刘灯宝译，机械工业出版社，2021 年，第 70 页。

"小质量"是将质量视为技术范畴，"大质量"则将质量与商业决策联系在一起。"大质量"是"全面质量管理"，超越了制造流程。石川馨已经将"全面质量管理"讲得非常透彻，一切都要瓜熟蒂落。"全面质量管理"这个术语，很快就要被美国学者提出来。

第三节　"戴明十四点"

在日本打造了惊人神话的戴明，1960 年获得了日本天皇颁发的瑞宝勋章，这是第一次把该奖项授予美国人。得奖的理由更是充满褒赞之词："日本工业得以重生，收音机、半导体、照相机、望远镜和缝纫机等日本产品行销全球，这一切功劳，都归于戴明博士在此的所作所为。"日本的崛起之功，归功于来自美国的戴明，他桂冠独戴。听起来，像是一种夸张的营销。

当戴明赢得勋章回到美国的时候，美国产业界还几乎无人知晓他是谁。他仍然在华盛顿特区的地下办公室工作。倾国热情下质量之火所锻造的日本制造之剑，还没有出鞘。戴明的奖状和光环，尚无法走出潮湿的小屋。直到 1983 年戴明当选为美国国家工程院院士，1987 年获颁国家科技奖章，1988 年获美国科学院颁发杰出科学事业奖。一时间，名利无双。这是一个黄金时代，戴明只是其中的缩影而已。

戴明的理论体系并不好，一开始就是如此。即使是名冠天下的"戴明十四点"，也只是在 1982 年出版的图书中才被首次提到。此前，在多次接受访谈时，戴明从未系统性论述过这些要点。即使有巨大的影响力，但戴明还没有提出一套明确的基本原理，在企业实践中让人们对这十四点产生了一些疑惑和误解。这个缺憾，在他去世之前终于有所弥补，他归纳出知识体系，作为"戴明十四点"的理论基础，分别是：系统、变异、知识理论和心理学[①]。仍然是松散的框架，又留下了新的争议。例如戴明极具有争议的一个观点是："报酬不是一个激励的因素。"通用汽车董事长也曾经说过，把所有公司员工的工资都翻一倍，也不会有任何事情发生变化[②]。戴明可能是深受"XY理论"的影响，看重人的自我激励。他认为对员工的高压对质量并无益处，只有熟知心理学，保护人的积极天性才是好的方法。戴明相信系统的力量。他的一句名言是"优秀的人才总是会被拙劣的系统所打败"。当时，这些说法，尽管有积极的一面，但很难有可操作性。戴明还认为"目标管理"是一个死胡同[③]，它是"恐惧管理"的同义词。目标管理会导致只注重短期效应的做法，它让中层干部产生恐惧，进而毁掉团队工作。目标管理使人压抑，而汇报卡上的差评则会让人沮丧而失去改善动力。这些想法，都体现了戴明的理念中，更多把质量管理看成是一种原则。这往往很难量化，也容易让美国企业管理层形成"不可知论"，陷入进退两难的境地。

由于对美国的关注度不够，戴明在美国实践的质量方案的效果也是

---

① 詹姆斯·埃文斯，威廉·林赛：《质量管理与卓越绩效》，中国质量协会编译，中国人民大学出版社，2016年，第50页。

② 同上，第53页。

③ 约翰·班克：《全面质量管理》，中国人民大学出版社，影印版，1997年，第69页。

好坏参半，褒贬不一①。尽管他在美国也被极度推崇，但他的实践并不算成功。回顾历史来看，戴明的神话其实是一个国家整个工业的崛起为他进行的背书。尽管戴明的理论体系未必完整，但是他的实践，却是跟日本制造紧密联系。

第四节　田口设计让关口前移

虽然质量科学有了数理统计的武装，但应用领域还是局限在生产和检验的环节。在产品设计的环节，质量管理则与手工业时代并没有本质区别，都是靠设计师的经验以及各种设计标准来进行。质量不是造出来的吗？质量不是检验出来的吗？质量不是靠工匠精神打磨出来的吗？这些问题在大规模制造时代，似乎不需要用心回答。工业化已经太成熟了，它就像运行良好的战车，只要加油就可以不停歇地咆哮前行。然而，农业领域意外地在田间启动了试验设计法，科学育种不就是精心挑选，将次品消灭于胚胎萌芽之中吗？车间精心挑选的质量正品，不也类似是在田间育种？来自农业田里的试验，启发了人们对于前端的设计所引发质量问题的警觉性。当印度裔统计学家完善了正交试验设计方法之后，日本人再次登场，目标就是让质量决策变得更加科学。这次的主角是参数

---

① S. 托马斯·福斯特：《质量管理：整合供应链》，何桢译，中国人民大学出版社，2018 年，第 28 页。

设计的发明者田口玄一。质量关口，开始决定性地前移。

也有学者认为，质量关口的前移并不是田口玄一的主要贡献，尽管他的"田口方法"让人们看见了质量设计方法的新天地。质量关口前移也许并没有什么特别的标志性事件，因为设计会影响质量是人们自然而然能想到的事情。德国质量的发展经历，并没有太多质量关口前移的痕迹，因为德国设计师在前端起到了更重要的作用：很多质量的先天性缺陷，在设计阶段就被精妙简洁的创意排除掉。因此，田口玄一的主要贡献是把数理统计方法引入到质量设计当中，就仿佛休哈特把数理统计运用到质量控制中。

田口玄一与休哈特两位大师在印度统计研究学会工作期间曾经有过合作，熟知后者的统计理论。田口玄一首次将试验设计法用于制造业的产品设计。通过对各种工况进行试验设计，寻找质量的稳定性和可靠性。而统计学，则用来寻找可控因素和不可控因素。

田口玄一提出了一种新的设计质量特性，是指产品对于外部不可控因素影响的不敏感性。例如，人们日常使用的产品对于环境的湿度、温度等不可控因素不能非常敏感，否则苛刻的工况要求会成为产品使用的阻碍。对于一些意外也要有较强的抵抗能力，例如，手机如果一摔就裂会让用户产生不好的质量印象，尽管手机不是拿来摔的。田口玄一创造性地使用统计中试验设计的方法，来确定产品在哪些参数配置情况下对于外界不可控因素的影响是最稳定的，从而做到"不可控因素要做到不敏感，而可控因素则可以敏感"。

设计质量表现在很多方面，例如易用性、可靠性、美观性、交互性等。产品的质量特性，受到可控因素和非可控因素的影响：例如烧制瓷器时窑温是可以控制的，这就是可控因素；但是，温度在窑内分布的均匀程度则很难控制，这属于非可控因素。具体到每一件窑内的瓷器，它的烧造温度都是彼此有区别的。如果瓷器的釉色是受温度影响的，那么怎么样才能让釉色取得比较好的一致性呢？进一步精确控制炉温及其分布，这可能代价非常高，甚至无法做到。田口玄一反其道而行之，让釉色对于烧造温度不敏感。即使温度或高或低，但釉色出来都是一致的。

田口玄一的研究带来了对稳健性设计的思考，认为设计的产品应该没有内在缺陷，从而具有高质量。因此，他并不认同将质量和规格联系在一起的做法。传统观念认为，只要在规格要求的误差界限之内，产品质量就是完美。而他认为，任何与目标规格的差异，都会导致社会损失。显然，他是一个完美主义者，为此他提出了试验设计法的数学与工程相结合的方法。

在 20 世纪 70 年代，田口玄一将质量管理、数理统计和经济学与工程技术结合，创立了"质量工程学"。这种方法，国际上称之为"田口方法"，包含了系统设计（一次）、参数设计（二次）和容差设计（三次）。在三次设计理论中，参数设计对行业影响最大。确定零部件的最佳参数设计，再加上布局和结构的系统设计，就可以用廉价的元器件生产出优质产品。他的一句名言是"最便宜的零件造就高品质的产品"。他的质量理论，丰富了质量的完整性。产品质量首先是被设计出来，其次才是被制造出来，最后的检验无法提高质量，这就是"事前预防、事中控制、事后分析"①。

田口方法在日本取得了巨大的成就，并在 20 世纪 80 年代传入美国，在汽车、航天等工业领域推广应用。美国学术界补充完善了系统设计内容，因为田口玄一虽然提出了系统设计，但并没有具体技术和方法。在 20 世纪 90 年代初，在质量领域颇有建树的美国国防部，将系统设计定义为"健壮性设计"（Robust Design）。尽管系统设计阶段的技术和方法，已经有了大幅度提升，但核心内容仍然还是"三次设计"，尤其是参数设计。

田口方法的基本思想是，在产品技术开发阶段就要大规模地进行健壮性参数的设计优化。如何寻找最敏感的参数，就成为设计师斗智斗勇之地。它的核心思想是质量关口前置，以减少后期的"救火"工作。有时候，一个设计师犯下的错误，100 个能工巧匠也补不回来。

有了可靠性设计，还需要有验证手段。于是，故障激发试验（Fault Excitation Test，FET）也应运而生，它采用了极限特性的条件，对可靠性进行考验。例如，美国海军对新舰艇进行了大量的"爆炸试验"，就是可靠性的一种测试。每轰炸一次，修理费用高达造价的 5%。这样算下来，一艘伯克级驱逐舰就是大约 1 亿美元，而航母则需要大约 5 亿美元。这种试验是为了真刀实枪地检验军舰的抗水下打击能力。2021 年夏天，美国海军在距离新型航空母舰"福特"号一百多米外的海域，引爆了数千

① 张根宝主编：《现代质量工程》，机械工业出版社，2021 年，第 22 页。

磅炸药，爆炸引发的冲击波相当于 3.9 级地震。测试之前，该航母内部
密布各种传感器，以检测爆炸冲击波对船体结构、核反应堆、电子设
备乃至船员的影响。这种爆炸测试进行了三次。在 2022 年部署之前的
计划维护期间，"福特"号航空母舰只受到轻微损坏，会受到评估和
修复。

实验室的故障激发试验，大多是极限环境，从而积累不可或缺的工
程数据。例如电饭煲，就是在实验室里接受了非同寻常的折磨，例如从
桌子上推到地上。再例如拉杆箱，也要经历在跑步机上颠簸、在杠杆上
做引体向上。田口玄一的参数设计，以及这些极限环境中所留下的宝贵
数据，造就了高可靠性的产品。

田口方法已经成为工程师的必备武器。到了 20 世纪 90 年代，田口玄
一再次提出动态特性及源流开发。田口玄一的儿子继承了父亲的衣钵，
继续田口方法的开拓，发展了马田系统（Mahalanobis-Taguchi System，
MTS）和系统行为测试方法。此后，田口方法在理论上没有大的突破和
变化，就是交给现场的工程师们应用了。运用之妙，存乎一心。

设计方面有赤尾洋二的质量功能展开，健壮性设计有田口方法，而
制造则有石川馨的统计工具的七种武器以及集体参与的"质量圈"。这些
都为日本制造全面性地开荒拓地。

数理统计再次武装了质量设计工程，将质量控制的关口从生产端前
移到了设计端。美国业界迅速消化吸收田口方法的理念，并包装成"健
壮性设计"，推向质量界。"设计影响质量"的思维，被工业领域广泛认
同。后来由于计算机辅助设计（Computer Aided Design，CAD）工具的引

入，以及基于模型的系统工程在复杂产品的广泛应用，设计被认为是质量的头等大事。设计阶段虽然只花费大约 10% 的成本，但决定了整个产品大约 70% 的成本。如果在设计端留下质量的隐患，到制造后期再修正这个缺陷将是一个灾难性的局面。

设计师决定质量，使得质量关口前移到设计领域，这让质量部门也可以长舒一口气。质量决定性的因素不在制造现场，对于复杂的产品而言，工匠精神也只能解决很小的一部分质量问题。人们开始思考，质量的源头究竟在哪里，这让田口的设计理念更加突显其价值。

第五节　像蜜蜂一样勤劳的德国马辛

与美国和日本都拥有很多的质量理论家不同，德国并没有出现誉满全球的质量大师。这一点乍听起来让人费解，但这正是德国制造对于质量的独特理解所导致的。如果一定要找出轰轰烈烈推动质量运动的大师，在德国其实也不乏其人。质量管理专家沃尔特·马辛（Walter Masin）就是其中的佼佼者。

创立了德国质量协会并担任第一任主席的马辛，是德国质量国家组织体系的奠基人。作为一个卓有成就的焊接企业家，马辛和其他质量巨匠们有着很大的不同。美国和日本的质量大师们，背景虽然不尽相同，但要么是统计学家，要么是专业顾问，要么是职业经理人。而马辛是一个混合体，他既是技术领域的专家教授，又是创业者和企业家，充分显示了其"德国特色"。

与日本和美国质量家不同，马辛并不是以他独创的理论去打动德国工业界。他不辞辛苦地布道，完成了质量意识在德国的深耕。这位莱比锡大学的物理学家，在二战后开发了电子控制装置，成为点焊机和电阻焊机控制领域的市场领导者。而当前依然久负盛名的德国伊萨焊接机器制造商，则在 1983 年收购了他的另外一家焊机公司。

作为一个企业创始人，马辛有着强烈的动机，通过引入质量保证系统，来满足安全功能的需求。在 20 世纪 50 年代，他参加了戴明的"统计质量控制"课程，并在工厂加以应用。很快，他牵头成立了一个"工业质量控制和测试"的组织，推动统计方法的使用，后更名为"统计质量控制工作组"。这个组织隶属于国家经济生产委员会下的技术统计委员会。1972 年，该工作组正式成为德国质量协会。马辛担任德国质量协会的第一任主席，他同时推动了欧洲质量组织的发展，成为今天的欧洲质量组织的创始主席。

质量的国际化，首先从学术上的交流开始。费根鲍姆在担任美国质量协会主席的时候，已经对质量的全球性有了深刻的认识。他亲身经历了质量改变日本和欧洲战后经济方面的力量，在积极推进质量的国际化组织上也是不遗余力。他与日本的石川馨和马辛，共同发起创立了国际质量科学院。这是一个由德国、美国、日本等人士组成的国际组织，背后有着各自的国家力量。此时担纲日本质量国际舞台的角色，并不是日本的质量组织，而是日本科学家与工程师联盟。这个曾邀请戴明、朱兰等人前往日本讲学的组织，对日本质量影响深远，而曾经担任过主席的石川馨也是功不可没。个人间的友谊，推进着质量的国际化交流，而美国质量学会也给予了马辛很多的荣誉。

马辛像是一只孜孜不倦的蜜蜂，将质量的花粉洒满了德国工业的每个角落。从 1970 年到 1997 年，他一直领导出版发行的《质量和可靠性》期刊，是德国质量学会的月刊。机床是德国各种精密机器之中完美的代表者。他致力于在机床产业推进质量理论的普及。机床产业的实践从两手油腻的英国工程师开始，但德国大学实验室里严谨的教授们，则建立了完备的机床理论，一举奠定了德国机床在全球市场中的领先地位。可以说，德国独自创立了机床理论，从而将机床从工程实践转向了一门兼具科学理论与应用工程的产业。高质量的标签，也从此伴随着德国机床的发展。

到处都是马辛的影子。他编撰的《马辛质量管理手册》，到 2014 年已经出版到第 6 版。这本书涵盖了德国质量理论的精髓，有着同样的长寿命运，一如美国的《朱兰质量手册》常年出版多次进化。在德国乃至欧洲的质量管理系统建设方面，马辛的作用无与伦比。

由于他在质量领域的众多服务和成就，马辛被授予德国勋章。与这些勋章同样值得瞩目的，是他在焊接方面的成就。从 1957 年开始，德国材料科学学会设立了"马辛纪念奖"，用以表彰材料科学方面的杰出团体与个人。

马辛是德国现代质量管理史上的一盏长明灯。或许这正是德国质量的要义：不动声色，却坚如磐石。

第六节 堪称"印象派"的狩野纪昭

受行为科学家弗雷德里克·赫茨伯格（Frederick Herzberg）"双因素理论"的启发，日本东京理工大学的教授狩野纪昭和他的同事在 1979 年 10 月发表了题为《质量的保健因素和激励因素》的文章，第一次将"满意"与"不满意"标准引入质量管理领域，并于 1982 年在日本质量管理大会第 12 届年会上宣读了《魅力质量与必备质量》的研究报告。[①]

狩野纪昭的成果以"卡诺模型"（Kano Model）作为集中的代表。一种产品不能经常出现故障，这种能让顾客信赖所需要最低限度的基本必要质量，则成为"守的质量"。而以前产品没有的全新功能等创新的质量，可以成为"攻的质量"，这是扩大市场的有利武器。攻的质量，可以叫做"有魅力的质量"。守的质量，则可以成为"理所当然的质量"[②]。好的质量需要攻守兼备。

"魅力质量"的提出，让人们重新意识到质量的复杂相关性，而行为科学对于质量的影响则是压倒性的。六十年前在霍桑工厂的实验，再次浮现在人们的脑海里，只不过彼时的研究对象是厂墙内工人的人际关系，

---

① 魏丽坤：《Kano 模型和服务质量差距模型的比较研究》，《世界标准化与质量管理》，2006 年第 9 期，第 10 页。
② 久米均：《设计开发的质量管理》，张晓东译，中国质检出版社，2011 年，第 32 页。

而狩野纪昭的"魅力质量"则把视野拓展到了厂房外消费者的主观感受。

这再次表明，人作为将主观性与客观性等各种矛盾集于一身的主体，对于质量的认识，掺杂了太多的不确定因素。在很多时候，质量是一种情绪的投射物。质量往往披着各种面纱，不肯以真实面目示人，即使是质量大师们也未能识透其全貌。

狩野纪昭同时受到了朱兰的深刻影响。他认为，朱兰在质量管理方面的造诣给日本企业的高管留下了深刻的印象，帮助"日本制造"的产品建立了声誉。

第七节　费根鲍姆让总统注意到了质量

质量管理部门在公司行使着监督的权力。质量经理们检验着每一个产品的质量，查找缺陷，判决去留。在产品大量生产的年代，没有多少人对此不满，但质量顾问费根鲍姆在 1945 年对此提出了质疑。他此前曾经在贝尔实验室工作，后来也去过日本负责传授质量的经验，并在 1950 年将戴明引荐给日本相关人士。

费根鲍姆是西方最早注意到整个组织都需要参与到质量中的人。他最大的贡献之一，是将质量控制的主体从办公室的专家转向了现场的操作人员。质量成为人人可以参与的话题。1951 年《全面质量控制》一书出版，"全面"两字，表达了所有部门、全员参与的意义。但是，这些观察细微的认识，在制造盛世面前不值一提。当时大多数的美国企业并没有认识到质量是一种竞争力。费根鲍姆的观点淹没在美国制造业万马奔腾的年代。直到 20 世纪 80 年代，美国产业界才注意到费根鲍姆的存在。此时，凭借"全面质量控制"的理论，费根鲍姆一跃成为全球质量领袖。他把质量拽出了质检部门的小屋，将质量与成本核算紧密地绑定在一起。在这样的基础上，人们持续推行他的质量理论：质量并非意味着最佳，而是客户使用和售价的最佳。

在费根鲍姆的眼里，质量是解决成本谜团的最佳线索。寻找质量、成本与用户的交叉点，这是公司财务人员喜欢的思维。费根鲍姆在通用电气的制造部工作多年，在此期间读取了经济学博士。他的自身经历，无疑是通向质量殿堂的绝佳路线，很好地诠释了质量多样性的特点。他是美国质量协会的创始人之一，并在 1961 年担任了该协会主席，这让他可以在更高的层面上推动质量的发展。

费根鲍姆提出了"质量三步骤"，包括质量领导、质量技术和组织承诺①，分别强调了管理层的持续关注，质量工具、新技术的应用（包括研发设计），以及通过组织建设来容纳质量的无处不在。显然，这是一个综合性的提案，将领导力、组织建设和各种质量工具融合其中。每一个深入研究质量的人，几乎都会碰到这些缠绕不开的线索，但线头基本就是这三个。

如果要获得这些质量竞争力，最大的障碍是什么？费根鲍姆给出了

---

① S. 托马斯·福斯特：《质量管理：整合供应链》，何桢译，中国人民大学出版社，2018 年，第 34 页。

四个有趣的场景①。第一个是"温室质量",也就是雷声大、雨点小的质量计划。这就像是一场快进的分镜戏,领导挂牌,下属鼓掌,会后走人,年底空转。第二个则是"如意算盘"。他讽刺那些以为可以垄断而不需要参与竞争的企业。这个词,听起来有点像鸵鸟战术,埋在沙子里就以为万事无忧。20世纪80年代,美国军方开始改变采购标准,像麦道这样的飞机公司来不及应对,断送了自己的前程,被波音公司并购。第三个是海外制造。大量美国企业管理者信奉跨国制造,以为质量可以像外包一样,跨洋打包,扔在另外一个大洲的土地上。知名供应链和质量专家托马斯·福斯特(Thomas Foster)曾经举过一个例子:惠普将磁盘存储器的生产从美国转移到马来西亚,以挽救它的市场竞争力,然而这些举措反而淡化了惠普真正的危机,即设计和过程控制存在着重大缺陷,使惠普的困境更加恶化。第四个是归罪工厂。这些人信奉工厂是质量的罪恶之源,而忽略了每个人都可能是质量缺陷的落井下石者,或者反过来看,每个岗位都是完美质量的贡献者。

费根鲍姆认为,如果广泛应用"全面质量管理",将会大幅提升美国GDP。而让质量界人士受到鼓舞的是,他在88岁的时候,获得了布什总统2008年颁发的美国"国家技术与创新奖"。这一奖项别有深意,将"质量"跟"创新"牢牢地连接在一起。

① S. 托马斯·福斯特:《质量管理:整合供应链》,何桢译,中国人民大学出版社,2018年,35,93。

第八节　朱兰构建了庄严的秩序

生于1904年的约瑟夫·M·朱兰，从二十岁开始就职于美国芝加哥的西方电气公司霍桑工厂检验部。与戴明类似，朱兰也被认为是日本质量管理成功的主要贡献者之一。与戴明有些琐碎的理论相比，朱兰的理论完整地缔造了质量这个宏大的殿堂。

朱兰提出了"适用性"的质量观。它指的是产品使用时能成功匹配用户的程度。与传统上强调尺寸的一致性相比，这是认识上的巨大超越。传统的"符合性"质量观是指严格按照尺寸来界定，在公差以内无差别都是好；在公差以外，无差别都是坏①。这种不加区分，唯尺寸为上的原则，使得质量的持续改善缺乏了精细的标尺。而且，它更多的是从制造方的角度看问题，也因此容易忽视设计师的作用。从质量缺陷造成的成本损失来看，当产生了"符合性"质量问题的时候已经为时太晚，纠正缺陷的成本可能会很高。

在1988年出版的著作《质量策划》中提出了"质量三部曲"，这是朱兰对于质量理论的另一个重要贡献。朱兰认为，质量管理是由质量计划、质量控制和质量改进这三部曲所组成。从有目标的质量计划开始，

---

① 邵家骏主编：《健壮设计手册》，健壮设计手册编委会，国防工业出版社，2002年，第2页。

然后交由运营部门进行控制。然而运营现场是流动的，人员也在不断变化——这是一个质量特性被稀释的过程，质量的表现会逐渐掉头向下。而控制就像用马笼、缰绳一样，不断提振质量，以保持它的原样。但这仍然是不够的，还要通过改进，才能让质量扬头向上。如此又回到了质量计划的起点，循环往复。管理就是不断改进，通过管理可以抑制80%质量缺陷的发生，因而管理的职责之一就是纠正质量缺陷。"三部曲"给出了质量的前因后果，让人们在不同岗位的乐谱上，看到了同样的主旋律。只要抓住这个主旋律，不同的乐器就可以放心奏鸣，于是质量之曲会协调如一，发出悦耳的声音。

"控制与突破"也是一个重要概念，这是朱兰对"质量三部曲"的深化。如《突破管理》一书中的论述，"控制"就是确保过程的稳定，保证一致性的输出，它涉及的是不宕机、救火、恢复原样、保持状态等。"突破"则是指做出重大改进，涉及的是改进、运动、升级、重大跃迁等。二者应该交叉平行，同时进行，而且应该有两套不同的组织和激励方式。这里可以推导出另外一个对企业来说非常重要的结论，那就是：企业应该建立质量委员会，从高层往下部署；另外也应该设立质量诊断小组，从基层往上改进。

对制造而言，"质量三部曲"是卓有成效的。但它也意味着，质量管理成为一个围绕工厂的重复劳动，周而复始。这吓跑了一些企业的一把手，他们很快将质量管理授权给其他中层管理者。质量虽然被认为是一把手工程，却鲜有一把手能够真的能接受并承担相应的职责。

作为第一个提出计算质量成本的质量管理专家，朱兰提出降低不良质量成本可以增加公司的利润。此说，自然会受到管理者的青睐。对于质量的改进，朱兰坚持要用项目管理方式来进行，不搞运动大突击，不搞组织大变革。彼时，另一位管理大师迈克尔·哈默（Michael Hammer）的著作《企业再造》中，所倡导的砸锅砸铁般激进式组织重塑，已经被证明是失败的。这些哀鸿遍野的境况，其他理论大师也都看在眼里。朱兰的谨慎，也与此有关。所有的项目改进，都要计算投入与回报，然后进行优先级排序。

　　戴明认为统计学是通用性语言，无论是高管还是基层，都要掌握。但朱兰展现了更大的柔性身段，他认为管理者需要懂的是"金钱的语言"，而现场人员要懂的是"技术的语言"。二者之间的差距，则要靠中层管理者对接和翻译。换言之，中层管理者需要懂得两种语言。把"技术的语言"转换成"金钱的语言"[1]，也就是管理语言，让管理者能够听得懂。这种实用主义法则，让朱兰赢得了广泛的爱戴。日本的石川馨也有用鲜活语言表达的观点，例如"不赚钱的质量管理，就不是质量管理"。[2] 因为石川馨坚信质量与一把手有关，提出"新的质量管理，就是有关经营的一种新的想法和看法"。日本公司推行"全面质量管理"，一把手都要亲自做社长诊断，以最高经营者的身份，执行最高管理者的问题。石川馨这些孜孜不倦的教诲，被日本企业吸收而去，朱兰则见证了这样的过程。

---

① S. 托马斯·福斯特：《质量管理：整合供应链》，何桢译，中国人民大学出版社，2018 年，第 33 页。

② 刘源张：《感恩录：我的质量生涯》，科学出版社，2011 年，第 120 页。

早在 1951 年，朱兰就主编了《质量控制手册》。到了 1999 年已经出版第五版，这一版的书名正式改为《朱兰质量手册》——毫无疑问，朱兰的名称已脱离本人，成为独立的品牌；而"控制"二字，早已不见踪影。从心理上，人们难免普遍容易厌恶"控制"。这两个字代表了低级监控的动作，像是在机器旁边管教不听话的工人。这种类似卓别林电影中的画面，早已深深刺痛了人们的神经。然而，业界很早就开始用"质量管理"来代替"控制"，不仅是为了掩盖不同岗位中可能存在的压迫，更是将质量的责任提升到了管理层的视野。"控制"二字，无论是在职能部门还是操作部门，依然都必须存在，而且能紧不能松。没有这些基本手段，一个工厂的质量管理者会彻底失职。《朱兰质量手册》也许是目前最为详尽的质量工作指南，也是一座至今无人能够跨越的高山。它所蕴藏的巨大能量在于它的自我成长：朱兰为此建立了朱兰学院，让来自咨询行业、工厂以及统计学方面的精英，为这座建筑添砖加瓦。这让朱兰的质量体系，成为一种宏大的经典。

1994 年 5 月，已经 90 岁的朱兰，在美国质量管理协会年会上提出，20 世纪是"生产力的百年"，而未来的 21 世纪才是"质量的百年"。从 20 世纪的初期，来到了世纪末尾，穿越百年的朱兰对质量的热情和信念历久弥新。朱兰的这种说法，依然是在鞭策美国各界人士。只有日本在 20 世纪末率先意识到并实现了，将质量作为一种国家竞争的力量，而其他国家对质量革命的颠覆性力量有些后知后觉，于是这场国家之间的文明竞争只能推到下一个世纪。

朱兰学院的继任院长，一边完善朱兰的质量手册，一边开始撰写

《朱兰质量管理与分析》这样的手册。相对于戴明那通俗易懂的"戴明十四点"或者《转危为安》等著作，《朱兰质量手册》更加博大精深，体系完备。在 2010 年、2017 年，第六版和第七版依次问世。数字化引起的最新的质量变革，也被加入到朱兰的质量环之中——这是一套与时俱进的理论。

早在 1982 年 3 月，朱兰在北京的讲座中提到的"质量的好坏要由市场的用户来说了算"，让当时的听众耳目一新，惊醒启发了众多的中国质量界人士。彼时中国的质量理论，还没有用户的概念，一切都是规格尺寸说了算①。2008 年朱兰逝世之后，中国质量界只能从图书和他的继承者们那里获取朱兰关于质量的见解了。

第九节　克劳士比说"质量是免费的"

"质量是免费的。

但它不是赠品，

它是免费的。"

此话来自菲利浦·克劳士比（Philip Crosby）1979 年的图书《质量免费》。很多人都认为质量不可能是免费的，甚至是昂贵的，但克劳士比的

---

① 约瑟夫·A. 德费欧：《朱兰质量手册》（第七版），中国质量协会主持翻译，人民大学出版社，2021 年，推荐序 2。

这个断言还是有着广泛的"粉丝"。出生于 1924 年的克劳士比，以奇妙的口才赢得了质量界足够的光环。美国《时代》杂志连连送出赞美之词，诸如"本世纪伟大的管理思想家""品质大师中的大师""零缺陷之父""一代质量宗师"等。由此看来，克劳士比更像是一个质量明星，而不像一个质量管理者，更不像是质量工程师。质量大师的魔力有多种，而克劳士比拥有当之无愧的明星效应。他创造了很多独有的词汇，而且他的演讲口若悬河，例如"零缺陷"，以及商学院课程引申出来的"一次做对"，还有"质量的成本就是不符合要求的代价"，都是让人神往的质量词汇或金句。诗仙李白登临黄鹤楼题诗留念时，寻句不得，只能写下"眼前有景道不得，崔颢题诗在上头"。克劳士比就像是这一类的"崔颢"和唐宋文客，或者就像是管理学家彼得·F. 德鲁克（Peter F. Drucker），所有简单而智慧的词语几乎都被他们用尽，留给后人的是可以反复咀嚼的格言。

"质量免费"这标题太吸引眼球，以至于人们忘记了这本书的副标题是"让制造质量确定性的艺术"。艺术与确定性其实是矛盾的，作曲家创作一首歌曲，画家素描一幅画，每一个动作可能都具有相当大的偶然性。管理被称作一门艺术也是如此，同样的 MBA 理论，不同人的实践效果大相径庭。但克劳士比试图打通管理艺术与质量确定性之间的桥梁。早在1961 年他就提出"零缺陷"的理念，尽管他没有立刻给出实现这个理念的方法，但他在《质量免费》以及《质量无泪》等著作中，都成功地将质量管理模型化。

克劳士比的"质量免费"和"一次做对"，以其惊世骇俗的口号，引起了人们广泛的注意。"质量免费"听上去像是夸夸其谈，但擅长语言艺术的克劳士比早有准备。他认为企业家只懂得一种语言，那就是利润，因此质量必须用这种直观的语言来表达："质量不仅是免费的，还是一个忠实的利润制造者。没有花在把事情做砸的每一分钱，转过来都会变成半分钱的利润。"[①] 这听起来十分悦耳，就像一首小诗。

这自然让人们注意到，质量有一个奇怪的属性，那就是简单易懂才能广泛流传。只有让管理层听得懂，质量才能得到加倍的重视。美国纺织制造企业米利肯公司的管理者就是最早听懂了这个口号的人之一。1981年，该公司的总裁邀请克劳士比到公司担任质量顾问。同年，该公司高管发起"追求卓越"的计划，让各级管理人员向客户承诺满意度。

1985年克劳士比以自己的名字命名的公司，在美国证券交易所上市，开创了全球管理顾问机构资本化运作的先河。这还真是非常符合克劳士比性格的做法。

克劳士比的《质量免费》中描述的零缺陷，带有明显的攻击目标，那就是由贝尔实验室第一批质量大师中道奇所形成的"可接受质量标准"。美国军方早已接受这个说法，并且奉为根深蒂固的标准。克劳士比从1957年开始担任军火商马丁公司的质量控制经理，并参与了"潘兴"导弹的研制。这是北约组织针对苏联的一种中程弹道导弹，其开发并不顺利。就在那个时候，对于军方人为设定的"可接受质量标准"，克劳士

---

① 詹姆斯·埃文斯，威廉·林赛：《质量管理与卓越绩效》，中国质量协会编译，中国人民大学出版社，2016年，第26页。

比是不能接受的。这本是一个被习以为常的"质量智慧",那就是任何事情都不可能没有偏差。但是克劳士比认为,整个质量科学是建立在错误的假设上,"可接受质量标准"就是错误的第一个基座。一家新工厂在第一个工人进门以前,管理者就已经在实质上决定了新工厂产品的质量水平[①]。克劳士比的零缺陷,重新梳理了一种新的理念,那就是在第一次就把正确的事情做正确。只有用零缺陷的标准,取代"可接受质量标准",才能用预防的系统取代救火式的管理习惯。

为什么不能一开始就是零缺陷的?克劳士比将这个问号变成了一个惊雷,挑战"缺点难免"这一朴素的想法。零缺陷的宣战对象正是"可接受的质量标准"。这种挑战方式是别有意味的,它用一种砸碎底线的方法让人们眼前发亮。克劳士比谙熟人们的心理,他此前当过医生的经历,可能给予了他对人性明澈的洞察。质量与人性相伴,与思维相关。每个行业都有自己的思维定式,要打破定式,就需要提出全新的概念。概念的出现,是为斗争而来,要么宣告独立的存在,要么推翻一种现状。"零缺陷"真正挑战的是人的思维。很多劣质产品源于管理者设定的标准,以及从业者的过关为胜的心理,诸如"尽量去做好""已经足够好""差不多"等,这些才是问题的根源。

克劳士比给出了企业质量进入自由境界的五个阶段。第一个阶段是不确定性期,这是一种哲学理念的起始,"我不知道我不知道什么",质

[①] 菲利浦·克劳士比:《质量免费》,杨钢、林海译,2011年,山西教育出版社,第178页。

量部担负一切质量的责任，领导不在质量的阵地上。在这样一个阶段，唤醒领导的心智是至关重要的。第二个阶段则是觉醒期，领导应该是感觉到了某个地方出现了差错。后面阶段分别是启蒙期、智慧期，以及确定期。在最后一个阶段的确定期，管理质量已经是组织不可或缺的部分，质量主管已经荣列董事会的岗位了，质量预防文化深入人心。

克劳士比用了一个拟人成长的五个阶段，将质量成熟度得以模型化。其中，"零缺陷"是一个重要目标。它是个人的决心，是一种态度，是要满足客户要求的承诺。缺陷可能意味着错误，企业和客户双方都不可接受。

在他的"零缺陷"理念中，企业的质量文化被看成是需要通过五步法而逐渐成长的一个生命体，具有很强的可实践性，在中国业界有不少拥趸。就英格索兰压缩机在上海合资公司的实践而言，"零缺陷"需要被正确认识。一开始，尽量不要求百分百的合格，而是根据当时的环境和条件，与客户约定一个目标，在这个目标下达到零缺陷。当目标达到之后，还需要与客户一起，约定一个新的目标。周而往复，逐年改善。英格索兰压缩机上海工厂质量总监，是在 20 世纪 90 年代初最早将克劳士比零缺陷理念引入中国的人之一。回忆昔日情景，令人感慨的是，克劳士比最重视的是领导者的意愿。一把手需要高度认可，而且要先去进行培训，之后才能谈是否要实施的问题。只有高管们心悦诚服，质量到位才能无坚不摧。这个细节，再次体现了质量的源头动力。

克劳士比的金句赢得了大量的褒扬，但并非所有的认识都能够超越时代。金句可以启发心智，并不能成为企业的最佳指导语言。例如质量管理四项基本原则之一——"质量的定义就是符合要求，而不是好"，这句话的后半句跨越了时代，但前半句却只能算是一个赠品，在很多时候"符合要求"是不足够的。克劳士比的理念初听起来是惊世骇俗的。工作标准必须是"零缺陷"，而不是"差不多就好"。这很容易被一线质量工作者视为工业乌托邦，但是对企业一把手则很有吸引力。值得质疑的是，零缺陷的定义标准，在哪里界定？既然它抢占了道德制高点，自然是毋庸反驳，但也很难以标准化的姿态不断复制。企业与企业不同，同一个企业换了领导，企业的文化也会不同，这些都难免会削弱克劳士比的理念真正的应用价值。

整体而言，克劳士比的质量定义，更多地从生产者的角度出发，认为只要不符合要求就意味着质量不足。面对质量多样化的可能性，这样的立足点也是有软肋的。

第十节　用改善覆盖一切

彼时，西方工业巨头们都在向日本学习质量管理的经验。例如，荷兰的飞利浦公司引入了全面质量管理，目标就是整体改进，而不是仅仅局限于改进产品质量。今井正明在飞利浦公司参与了这个进程的启动阶段，提出了"改善"这个口号，并以此为基础于1986年写下《改善》这本书①。其核心思想是"逐步改进，每天每人"。这种思路，在海

---

① 今井正明：《改善》，周亮、战凤梅译，机械工业出版社，2021年，第Ⅴ页。

尔公司提出的"日清日高管理法"中也有体现。海尔公司通过目标、日清控制体系和有效激励机制，全方位地对每人每天所做的每件事进行控制和清理，以做到"日清日毕，日清日高"。

日本学者更多地强调改善和过程导向的思维方式，西方学者更看重创新和结果导向的思维方式。在日本，改善是每个人的事。今井正明认为，日本极具特色的管理实践，无论是生产力、全面质量控制、零缺陷、质量控制小组和劳资关系，都可以简化为一个词"改善"（日语罗马音为"Kaizen"），构成日本工业清晰的图景。

今井正明是一个强调实践的人，他认为只要讨论质量，就会掉入"质量定义""质量评估"等陷阱之中。但是，不管千人千面的质量定义是什么，质量的背面，都会是"改善"。①

第十一节　美国实施了六西格玛和 2 毫米工程

1980 年，亏损 15 亿美元已陷入绝境的美国福特公司，向日本等多地的世界汽车厂家派出了调查小组。随后，福特公司经营团队详细研究了包含了 400 个项目的调查结果，逐步引入了"减少零件数量""根据车型建立开发团队"等办法。福特公司投资 30 亿美元开发的福特"Taurus"

---

① 今井正明：《改善》，周亮、战凤梅译，机械工业出版社，2021 年，第 8 页。

车型，在 1985 年上市之初就大受欢迎，第一代车在鼎盛时期年产量达到 100 万辆，5 年时间累计销量达到 200 万辆，成功地挽救了福特公司。

同样，深陷日本复印机大军侵蚀而节节败退的美国施乐公司，也开始了艰难的复兴之路。追赶，从比较开始。1979 年，当施乐公司拆开日本高品质复印机的时候，经营团队很难理解其成本怎么可以做得如此之低，日本同行在质量之下隐藏了什么样的成本奥秘？施乐公司向其合资公司日本富士施乐派遣了调查组，对开发、生产和销售流程进行了精心的分析。惊人的差距出现了：与竞争对手相比，施乐公司有九倍左右的供应商数量，拥有两倍多的员工数量，以及需要两倍长的开发周期，而不合格产品数量则是对方的十倍之多。质量，成为复兴之路上重要的桥头堡阵地。1983 年，施乐公司决定向日本企业学习，启动"质量领先"的计划，整体导入"全面质量管理"。

这期间，日后大名鼎鼎的"标杆管理法"，在施乐公司中逐渐成型。它从拆解竞争对手产品的"逆向工程"入手，灵活采用了"内部标杆管理"（公司内）、"竞争标杆管理"（行业内）、"功能标杆管理"（行业之外）"和"一般流程标杆管理"（业务外）[①]。这种设定学习对象、逐一比较差距的实践，也让施乐公司成为"标杆管理"的标杆，它的理论日后被无数企业用来借鉴和学习。施乐与非竞争性公司的 200 多个工序建立了对标，例如提高生产调度的理念是来自生产发动机的康明斯公司，改

---

① 三谷宏治：《经营战略全史》，徐航译，江苏凤凰文艺出版社，2016 年，第 125 页。

善分销系统与物流的理念则来自生产户外用品的美国宾恩公司，结算流程的提升则受益于美国运通公司[①]。

质量，依然是重中之重。时任施乐总裁与公司排名前 25 名的高管，一起编撰了施乐公司的质量方针。此方针在开篇第一句就明确"施乐是一个高质量的公司，质量是施乐的基本经营原则"。公司的激励和保障系统，都以此作为基石重新进行调整。值得注意的还有其对质量教育的投入，在 5 年的时间内，施乐公司花费超过 1.25 亿美元，培训时间高达 400 万个工时，让所有员工都接受了与质量相关的培训，这其中有八成的员工参加过质量改进团队。

"质量领先"战略，挽救了施乐公司的颓势。到了 1989 年的时候，施乐公司的市场份额重新回到了 46%。供应商数量从大约 5 000 个剧烈削减到 500 个以下——戴明喜欢看到的结果就是减少同一类产品的供应商，甚至最好减至一个。而且，有 30 个美国供应商全年没有出现缺陷。装配线上不合格产品率从百分之一下降到万分之三。借助于"质量领先"战略，施乐公司成功获得了这一年度的美国马尔科姆·波多里奇国家质量奖（Malcolm Baldrige National Quality Award）。

类似这样成功的故事很多。无论这些故事如何激动人心，质量往往都被看成是唯一的内核，这可能是美国制造长期以来跟日本制造拼质量导致的结果。让质量挽救企业以免于危厦不倒，成为最励志的方式之一，

---

① 詹姆斯·埃文斯，威廉·林赛：《质量管理与卓越绩效》，中国质量协会编译，中国人民大学出版社，2016 年，第 31—32 页。

这种现象比比皆是。

这让日本制造界人士倍受鼓舞。无论是讲解丰田生产方式的新乡重夫，还是倡导质量圈的石川馨，在美国都大受褒扬。同样地，启发"健壮性设计"的田口玄一也饱受欢迎。他甚至免费向美国电话电报公司的贝尔实验室提供服务，以作为对美国曾经给予日本帮助的回报。在田口研讨会上，挤满了来自美国电话电报公司、通用汽车、施乐等公司的人士。当时很多人甚至怀着"如果它是日本的，它必定是好的"的想法。

对于同胞，美国人更是乐于进行造神运动。戴明提出的"戴明十四点"被业界奉为圭臬。不仅在制造公司，而且在服务公司，董事会都会以引入"质量项目"为荣。各种学会纷纷成立，努力去宣扬戴明的质量思想。一场大规模的质量革命运动，已经在美国企业界引爆。

然而，戴明并未能复制他在日本的成功。因为美国公司参加培训的人，往往都是公司的质量控制专家，而非高管们。企业高管们并没有意识到戴明的价值，也不肯亲自去听课[①]。戴明自称是"阻止美国人走向自杀的人"，他希望留住美国制造的辉煌。当然，即使那些美国企业高管们亲自去听课了，也未必会真的有效。斗转星移，天边的地平线之下，正在出现了新的磁场。这是下一个十年将要出现的主题，超过当下各界人士的一时见解。1999 年，施乐公司从巅峰开始高速下滑，重回低谷。

从企业经营的长远视角来看，质量似乎只是阶段性胜利的陪伴者，

① 戴维·萨尔斯伯格：《女士品茶》，刘清山译，江西人民出版社，2016 年，第 272 页。

仅依靠质量战略本身并不能跑完全程。质量无法拯救商业模式，也不能逆转国运。但在彼时，未来无法预料，人力依然可为。在不少美国企业家心中，质量落后是一口无法下咽的恶气。

一、极限求险

时代造就的好公司，经常会开创划时代的理论。这一次划破星空寂静的，是来自美国摩托罗拉公司对日本企业的反击战。1982 年，摩托罗拉公司开始实施后来威名天下的六西格玛。作为数学统计工具的名词，六西格玛开启了不凡的旅程。

此前十年，摩托罗拉已经被迫将电视机的市场阵地让给了日本松下，也退出了汽车收音机等领域。摩托罗拉通过并购方式集中进军半导体和通信行业，但依然处于日本企业的市场竞争包围圈之中。摩托罗拉和德州仪器公司是美国仅存的两家还生产存储器的厂家，美国的电讯设备市场也处于被围攻之中。

1982 年，这是一个典型的美国公司对日本公司开展质量自卫反击战的一年。这一年，摩托罗拉总部成立了质量评议委员会，这是战略级的质量岗位，它直接通达总裁。委员会的成立标志着摩托罗拉为质量建立了一个豪华的管理阵容。此前，摩托罗拉还设立了首席质量官。

这一年，摩托罗拉开发了质量系统检测（Quality System Review，QSR）的方法论和工具，这是具有划时代意义的质量体系建设。"全面质量管理"，让"质量控制""质量保证""质量圈""改善"等都有机地融合在一起，但是它很难进行量化型的评审。而 QSR 则建立了全面的支柱，可以进行内部审计和外部审计，以及量化评分。这是一个截然不同的质量分水岭，质量从此改变航道，迎来了全新的维度。这是以往的质量大师朱兰、戴明等所未能涉及的领域，质量管理体系正在形成更加强壮的骨骼。

一系列的变化，源自1981年的"高质量意识"运动，从此拉开了质量大觉醒的时代帷幕。让美国业界重新拾回质量自信的，是一个用来表达统计误差的数学用语。它起源于电子行业，然后由工业巨头发扬光大，这就是光彩夺目的六西格玛。

作为一种质量理论，六西格玛伴随着美国企业的恐惧成长。当时夏普、松下等后起之秀的日本家电制造商几乎横扫美国市场，连美国最早发明电视机的霸主美国无线电公司也走向衰落。摩托罗拉公司的电视机、音响等都被日本厂家排挤出市场。在存储器芯片领域，日本六家企业占据了全球80%以上的市场份额。美国的企业家们一边励精图治，一边向日本积极靠拢和学习。摩托罗拉和日本东芝公司在1986年成立半导体合资企业，也是为了向日本积极学习——当时东芝已经占据了存储硬盘市场全球第一的位置。

摩托罗拉找到了问题的根源。日本企业的质量，来自于对成本的控制。要想超越，美国电子行业必须找到质量支柱最底部的那块砖头。一位可靠性工程师比尔·史密斯（Bill Smith），找到质量缺陷管理的这块奠基石，并取名六西格玛，意思是每百万个产品出错率不能超过3.4个缺陷。这似乎是只有上帝之眼才能区分出来的漏洞。

六西格玛最初是作为一种测量产品和服务质量的措施。史密斯注意到，最终产品失效率，往往要比产品测试时预测的水平高很多。[①] 过高的系统复杂性会导致产品失效机会增多。为此，史密斯和他的搭档麦克·哈里（Mike Harry）博士一起，开发了六西格玛管理中流程改善的重要工具"DMAIC"，（取的分别是"Define"（定义）、"Measure"（测量）、"Analyze"（分析）、"Improve"（改进）、"Control"（控制）这几个英文单词的首字母）。这个日后被质量界广为传颂的六西格玛方法论，诞生之日就自成框架。史密斯也成功地将这个概念推荐给摩托罗拉公司首席执行官罗伯特·高尔文（Robert Galvin），彼时后者正在与日本制造商展开鏖战。1986 年，高尔文决定采用史密斯的六西格玛理念，作为公司级的战略。

摩托罗拉在 1987 年设立了如下的目标："到 1989 年，将产品和服务的质量提高 10 倍，到 1991 年至少提高 100 倍，而到 1992 年则实现六西格玛能力，终极目标只有一个，让摩托罗拉做的每一件事都达到零缺陷。"[②]

在摩托罗拉公司，六西格玛已经成为全体雇员的共同语言。对员工而言，这意味着完美，即使他们并不理解这个统计学的含义。此后，摩托罗拉公司取得了巨大的进步，很多过程达到了六西格玛的水平，还有大量过程实现了四至五西格玛的水平。当然，并非所有的过程都需要在

---

① 詹姆斯·埃文斯，威廉·林赛.《质量管理与卓越绩效》，中国质量协会编译，中国人民大学出版社，2016 年，第 16 页。
② 同上，第 16 页。

六西格玛水平下运行，领导者需要做出取舍。

摩托罗拉公司将其视为更低成本、更高质量，进而可以击败日本竞争产品的利器。摩托罗拉的实践，将六西格玛打磨成一种通用的质量改进模型。然而当人们逐渐注意到六西格玛的时候，往往忽略了摩托罗拉的质量系统检测体系，及其对于质量管理体系的决定性启蒙作用，甚至对一个国家的质量战略也有影响——美国马尔科姆·波多里奇国家质量奖的评审方式，在很大程度上就借鉴了摩托罗拉的质量管理体系。

也有低调的崛起者。就在 1985 年，来自美国加州大学的雅各布等 7 名教授，共同商议创建一家专注于"高质量通信"（Quality Communications）的公司，这便是高通（Qual Comm）这个公司名称的由来。两年之后，高通公司与美国军方合作研发一项无线通信技术，第一批码分多址技术专利由此诞生，军方率先使用再次成为吃螃蟹者。在移动通信的 2G 时代，欧洲是主导方。但从 2G 到 3G 的换代过程中，码分多址技术成为了新的国际标准。美国高通公司拥有这项技术的所有关键专利权，从此成为全球手机市场大爆发背后的利润收割机。先人一步的标准、高质量的产品，以及丰厚无边的利润，正裹挟在一起，熠熠发光。

摩托罗拉的对日反击战，尤其是它对质量的追求，使其成为美国马尔科姆·波多里奇国家质量奖的第一个得主。然而，真正让六西格玛理论大放异彩的，还不是摩托罗拉公司。六西格玛还将继续蛰伏一段时间，等待一个机会，以及一个天才首席执行官的演绎，才让它跨越技术，成为质量管理学上的经典。

二、卓越绩效

意识到美国生产力的下降，时任美国总统里根在1982年10月向国会提出"国家生产力与技术革命法案"，并授权开展国家层面有关生产力的研究。美国生产力和质量中心，从1983年开始发起讨论，为即将召开的白宫生产力会议做准备。该中心的创始人，也是美国国家生产力顾问委员会的主席。这些对政府高层有着巨大影响力的人，意识到了质量是重新撬动国家振兴的杠杆。他们提出的各种建议，形成了一层包裹一层的急流，在美国终于卷起了质量旋风。

1984年，美国政府将10月份设定为国家质量月。1987年，美国国会通过法令，以商务部部长马尔科姆·波多里奇的名字，设立了国家质量奖。这个名字，是为了纪念此前在意外中丧生的波多里奇。波多里奇深信，"全面质量管理"是美国经济繁荣和国家强大的关键因素。如果没有他执着的信念、灵活的手段，以及力求上下共鸣的能力，美国无法对质量给予如此高的推崇。整个20世纪80年代，美国各界人士对质量展示出了空前的热情。这中间，既有对质量魔法的追逐，也有对美国企业组织的反思。凭借一股要打败日渐崛起的日本产品的热情，美国将战略规划和领导力也都加入质量的内容中。

波多里奇奖由商务部授权的美国国家标准与技术研究院来管理，并且被进一步下放到美国质量协会组织评审委员会。美国国家质量奖评选经费主要来自三个方面：一是美国联邦政府每午给的国家质量奖拨款，如《1998年技术管理法》规定1999年的拨款是490万美元，其中300万美元用于制造业、服务业和小企业的评奖，190万美元用于教育和医疗卫生质量奖的评选工作；二是国家质量奖基金的经费支持；三是参加国家质量奖评奖的企业所交纳的费用。[1] 波多里奇奖的一个重要特点是"卓越绩效"。这是从摩托罗拉的质量系统检测发展而来的概念，它强调了一个组织对于质量建设所具有的决定性作用。美国国家标准与技术研究院起到的作用巨大，在美国《质量振兴法案》它推动的11个项目中，有6个项目是由所推动的。

美国国家标准与技术研究院是一个很特殊的机构，在某种意义上，可以被认为是类似于中国计量科学研究院、中国国家标准化管理委员会、国家市场监督管理总局部分功能的综合体。它甚至还带有工程院的部分功能，并且具有科技智库的特点。从它的存在和运行，可以看到美国国家的不同行政机构是如何被高度浓缩在一起的。

波多里奇奖项体现的是动态更新的原则。质量，是岁月踏石之下的留痕，过一段时间就会有一些变化。20世纪90年代中期，"质量"这个词语在美国国家质量奖的准则中被删除。1994年以前，战略策划类评选准则的标题是"战略质量策划"。去掉"质量"后，意味着质量应当是组织整体战略策划中的部分，而非单独的活动。在整个准则中，术语"绩效"取代了"质量"，表明了全面质量管理的理念应该成为整个企业的管理体系，而不仅是质量体系的基础[2]。波多里奇奖项的准则，仍然是

---

① 殷荣伍：《美国国家质量奖述评》，《世界标准化与质量管理》，2000年第3期。
② 詹姆斯·埃文斯，威廉·林赛：《质量管理与卓越绩效》，中国质量协会编译，中国人民大学出版社，2016年，第453页。

很多追求卓越的企业的管理标杆。即使不参加评奖的企业，也可以拿过来修改和应用。从它的评分标准来看，1 000 分的总分里面，占比重最大的经营成果占 450 分，其次是领导力排名第二占 120 分[①]。这代表了一种明显的倾向，那就是质量管理的好坏，首先要看业绩表现，其次要跟领导力挂钩。

受到波多里奇奖刺激的，还有欧洲质量组织。欧洲质量管理基金会，联合欧洲委员会，以及欧洲质量组织，于 1991 年宣布建立欧洲质量奖（后来改名为卓越奖），也是采用了一套基于"卓越绩效"的框架。十年之后，中国质量协会也启动了全国质量奖，在波多里奇奖的准则框架之上，强化了业务可靠性、品牌策略和可持续发展方向等。

质量的价值，已经超越了质量本身。

这种膨胀，带来了一个隐患，质量越来越不容易聚焦了。果然，2010 年，该奖项被更命名为"波多里奇卓越绩效"。"质量"二字被删除。这意味着，美国国家质量奖的使命，已经从单纯的质量，上升到美国组织的竞争力和绩效。如果质量二字的提及越来越少，还如何能够找到质量最简洁、最打动人心的力量？到了 2012 年，美国国会决定取消对于波多里奇奖的政府资助，而转向了由私营机构进行管理。

波多里奇奖在一片期待之中冉冉升起，很好地引导了美国制造业在20 世纪 90 年代的辉煌。但随后的全球化浪潮，席卷越来越多的工厂

---

① 张根宝：《现代质量工程》，机械工业出版社，2021 年，第 28 页。

远离美国本土，美国制造业占比越来越低，波多里奇奖也呈现了颓势。它从一开始的严谨，走向简化（1988 年有 62 个条款 279 小项，到 1997 年的 20 个条款 30 个小项着重点[①]），后来又走向泛化，波多里奇奖项似乎也偏离了质量的焦点。也许美国已经不需要依靠质量奖来打败日本的挑战了，或者这个国家质量奖的膨胀反噬了自己，美国政府决心扔掉这样的指挥棒。但是，曾经一直反对波多里奇奖的戴明[②]，已经看不到这一天了。戴明一向反对竞争，反对恐惧的心态，他担心对于国家质量奖的竞争，会加剧企业竞争和恐惧，以及由此带来的变形。然而波多里奇奖却一直在向戴明致敬，其中很多准则都渗透了戴明的理论"戴明十四点"的精髓。这说明，尽管质量定义很难有普适性，但质量原则往往有着更宽广的生命力。

三、底特律怒火

美国汽车制造业的根基，曾经被日本悄无声息地撬动。在 20 世纪 50 年代，美国 85% 的市场份额被美国通用、福特和克莱斯勒所把控，那是没有天敌的逍遥时代。日本在 20 世纪 60 年代采用了贸易立国的政策，大大刺激了日本企业向美国进军的欲望。经过戴明等质量大师的传播，以及丰田制造系统的日益成熟，日本汽车在 20 世纪 70 年代的美国市场已经大有成就。毫无疑问，日本汽车正在侵占美国汽车的地盘，日本摩托

---

① 詹姆斯·埃文斯，威廉·林赛：《质量管理与卓越绩效》，中国质量协会编译，中国人民大学出版社，2016 年，第 453 页。
② 同上，第 457 页。

车也在侵占美国同行的市场。1973 年末开始的石油危机，不过是吹响了凄厉的哨声而已。1979 年，日本汽车在美国销售了大约 240 万辆，占美国进口汽车总数的 80% 以上，也占美国汽车销售总量的 20%。当时这个发展趋势还在迅速增长。美国底特律汽车城的大佬们对这样的数据表示恼火，而石油危机则是一个容易被管理者拿来说事的便利借口。

然而，石油危机虽然影响深远，但也不过是美国制造正在出现空心化现象的一条线索而已。全球的制造系统，正在重新无声地分配力量。1971 年美国贸易第一次出现逆差，出口商品金额为 430 多亿美元，而进口商品金额大约为 460 亿美元。这终结了美国自 1895 年以来连续 76 年贸易顺差的历史。这是一个不可逆转的节点，美国制造已经走过巅峰，向下的滑落只是速度快与慢的问题。至于下滑的原因，一方面是日本制造的崛起，另一方面是美国华尔街的资本正在诱导全球制造向低成本的洼地流动。美国制造开始释放它的高势能，向下流动和迁移。工厂正在被视为一种巨大的资本负担。这种趋势先是从钢铁重工业开始，然后向金属制品、纺织和电子行业蔓延开来。远离高昂成本和强势工会的美国工厂，成为一种越来越流行的选择。轻资产、工厂外包等方式正在崭露头角。例如，在 20 世纪 70 年代，耐克公司只在美国两个州有工厂。到了80 年代，其主要生产基地都位于亚洲。1992 年的时候，其美国工厂被完全关闭[1]。再例如，1984 年成立的戴尔公司，是当时耀眼的新星。甩

---

[1] 大卫 E. 奈：《百年流水线：一部工业技术进步史》，史雷译，机械工业出版社，2017 年，第 206页。

开经销商而直销的方式，戴尔公司在个人电脑领域一炮打响。成立 8 年后，戴尔公司就挤进世界 500 强的行列，然而，它连自己的制造工厂都没有。

美国全国广播公司的纪录片让美国制造商认识到了日本汽车质量的源由，也注意到了与日本制造系统的差异，但意识转变依然是缓慢的。直到 20 世纪 80 年代中期，底特律的汽车制造商才开始意识到，在制造工程与用工管理体系上，美国制造系统根本无法与日本同行抗衡。美国从四十年代就开始引以为豪的大规模流水线，已经出现了巨大的经济窟窿。质量意识的不足，更是让这个窟窿的裂缝继续扩大。

在整个 20 世纪 80 年代，全球化企业对劳动力的剧烈需求，导致了企业必然要转向更加廉价的劳动力市场。这种无可抵挡的"去工业化"趋势，需要在很久以后的回望才能理解。因此，底特律的衰落，很难说是因为日本汽车的入侵引起的。但美国各界的怒火，开始释放出来了。

不能无所作为，反击战开始了。

20 世纪 90 年代初，美国由政府、企业和大学一起形成了一个车体精密制造联盟，帮助底特律三大汽车公司大力改进汽车车体装配精度。车体尺寸的波动范围会影响车体的装配，尺寸越小，精度越高。日本可以达到 2 毫米以内，欧洲可以达到 2.5 毫米，而美国车则普遍高于 3 毫米。美国汽车界认为找到了一把精确的质量差距的量尺，于是追赶日本车的质量，就变成了在车体精度上的目标。这个项目，被命名为"2 毫米工程"。这是美国汽车界，第一次系统性地追赶日本制造工程的集体性行为。

这个项目与美国密西根大学机械系的华裔教授吴贤铭，有着密切相关的关系。吴贤铭教授 1945 年毕业于上海交通大学，1954 年去了美国，是一个多学科的博学之才。他在 1979 年曾经到访中国，并因此成为中美机械制造学科交流和人才培养的一座重要桥梁。1986 年他去往美国底特律附近的密西根大学，底特律汽车企业正在困境之中挣扎。那时，正是美国信息技术高度发达的时候，传感器的振兴也是美国高科技的重点，大量传感器的使用使得工厂机器数据可以被轻松获得，但没有人知道这些快速膨胀的海量数据可以用来做什么。吴贤铭教授作为机械学与统计学的通才，可能是休哈特之后，再次意识到数据分析重要性的人。在休哈特时代，电话机生产线上的机器数据是贫乏的，而吴贤铭教授所面临的则是迅速发展的数据时代。

2 毫米工程在统计质量控制方法上具有和休哈特的控制图一样的里程碑意义。吴贤铭教授开启了多元统计方法在质量控制当中的应用。之前，统计质量控制都是基于单个统计变量的，比如某个孔的直径。对于车身这种复杂零件，通过先进的检测手段可以获得大数据，每个测量的关键点都有三维坐标测量值，而整个车身有多达数千个测量点，这些测量数据就是车身整体质量水平的反应。相比原先的简单零件单个尺寸的测量，就有两个方面的问题产生了：一是车身是一个整体，数千个测量点实际上是有联系的，并不是孤立的点；二是很难从数据上靠观察来得出质量结论。吴贤铭教授采用多元统计的方法解决了在复杂零件大量数据面前的这两个问题，如提出著名的持续改进指数（Continuous Improvement Index，CII）。实际上，这也是现在工业大数据分析方法的先声。

　　吴贤铭教授为三大汽车厂提供基于实时数据而进行的误差分析服务，取得了意外好的效果。美国三大汽车公司，纷纷开始将刚刚兴起的光学在线测量系统引入机器现场，大力改善装配精度。这一度带动了当地各类测量和分析技术发展，很多初创公司也在此时兴起，如坐标测量设备的美国普赛公司、DCS公司等。吴贤铭教授团队联合了通用汽车、克莱斯勒汽车、密西根大学、韦恩州立大学等，向美国国家标准与技术研究院提出成立"车体精密制造联盟"，以便利用好数据宝矿，彻底解决制造质量提升的问题。

　　这个提案在1992年正式得到批准，成为汽车行业著名的2毫米工程。可惜吴贤铭教授在这一年不幸离世，他没有能够看到美国汽车质量界显著改善的业绩。但这一套统计学与工程学紧密融合的动态数据系统（Dynamic Data System，DDS）理论，开启了在线实时数据分析质量的时代。他的团队把这面大旗传递了下去。受2毫米工程的启发，美国国家标准与技术研究院继续以联盟的形式，赞助了与汽车机械加工精度有关的14个联盟项目，涉及喷漆、焊接、薄板冲压等，从而提高了美国汽车制造环节中的装配质量。

　　这些与数据分析相关的质量工程，大大提高了美国制造的质量。但这无法挽救美国制造空心化的趋势，美国制造的高成本的劣势依然明显，影响了美国制造的产品竞争力。这让人们有更多机会去思考，制造基地与质量提升的关系。现场制造能力是质量成长的沃土，但也需要有心人精心地实践、挖掘和总结提高。

第十二节　中国的全面耕耘

一、工业化思维的试金石

从 1979 年开始，当时的第一机械工业部大力推动"全面质量管理"，开始了大规模的质量"耕耘"。此前的 1977 年 10 月，第一机械工业部通过电话会议，要求各个企业把"检验科"改为"质量管理科"。此后，"全面质量管理"在中国开始实施，"全面质量管理办公室"成为热门岗位。也是这一年，刘源张先生获得了"全国劳动模范"称号。中国出现了一位质量将军，真是一件幸事。他早在 1950 年就与日本的石川馨有着良好的友谊，也是国内最早接触戴明访日的质量日记的人之一。1976 年，他在北京清河毛纺织厂建立"质量管理小组"。从 1978 年开始，他在湖北的第二汽车制造厂（现为东风汽车集团）开始以顾问的方式，将"全面质量管理"的理念播种到汽车行业。

然而，质量管理任重道远，质量理论只有依赖肥沃的现场土壤，才能生根壮大。质量理论如果离开了企业家的共鸣，就显得清冷无光。多年以后再来看，刘源张先生并没有能成为戴明式的质量"传道士"。彼时的企业家，还没有形成一个完整的独立群体。质量大师与企业家的互动，还没有走到星月交辉的那一刻，这也意味着中国制造还没有升级到这样的时点。

国家经济委员会于 1980 年颁布了《工业企业全面质量管理暂行办

法》，推动全面质量管理的步伐。但在发布之后，有些人对其中的一条"质量管理是企业管理的中心环节"表示不满。在他们看来，"计划才是企业管理的中心环节"。《刘源张自传》中记录了这个细节，这可以反映出彼时质量管理在中国尚无法大展身手。质量思维，仍然靠的是上级指令性下达的方式在企业中推行。很多企业未必能够体会其带来了多大的经济效益，执行起来难免还是"换汤不换药"。

　　1982 年，国务院对机械工业发展的方针是"三上一提高"：上质量、上品种、上水平、提高经济效益。质量依然是机械工业首要的攻关对象。改革开放之后，很多用户企业到国外去考察，有机会见识到了质量可靠的装备。对比之下，机械工业部提供的一些装备产品的质量太差了。一时间民意汹涌，质量问题被排到了第一位。原机械工业部副部长沈烈初在机械工业第三次工艺会议上指出：坚决贯彻工艺上采用国际标准及国外先进标准；必须与技术改造结合起来，把有限的资金花在解决关键工艺、关键工艺设备、及提高测试水平上，以保证产品尽快达到国际标准及国外先进标准水平；必须与企业整顿结合起来，与推行全面质量管理结合起来①。这也是最早在整个行业里推进全面质量管理的作法。原机械工业部在很多方面，思想进步，思维灵活，思考行动领先，1982 年还成立了中国机械工业质量管理协会。其中具有大量群众基础的活动是机械工业"双代会"，当时以洛阳轴承厂滚子磨削"信得过班组"和北京内燃

---

① 《机械工业部副部长沈烈初指出工艺工作是实现"三上一提高"的重要措施》，《机械工艺师》，
1985 年第 1 期，第 3 页。

机厂"质量管理小组"作为代表参加，后来扩展到全机械行业。这是以工人为主体的质量活动，与其他那些以厂长或者管理干部为参与对象的活动完全不同。"质量信得过班组"和"质量管理小组"代表大会，简称"双代会"，纷纷在各地召开。这个活动的生命力非常旺盛，一直持续不断。提高工人地位，才能做出好产品。刘源张先生也就在这个时期前往第二汽车制造厂指导，他反对"装配装配、一学就会"的说法，提出"只有一流的装配工，才能制造一流的卡车"。这点明了一线现场的工人，对于质量的至关重要性。

质量问题并不仅仅是技术问题。例如，葛洲坝水利的发电站设备，是三峡水电站重要的先导工程，其中既有哈尔滨电机厂也有东方电机厂的产品。水利部认为产品质量不过关，机械部在现场开始整改，并且启动了全国电话会议，一时在制造厂引起震动。可以说，当时提高机械产品的质量，都是重大攻关问题。当时发电机组成套厂与配套厂在质量问题上见解不一。质量像是一把折断成几截的箭，似乎每个上下游企业手里都有一截责任。在这个时期，要掀开质量的面纱真是不容易。

就在这时候，日本的"质量圈"和美国的"全面质量管理"，都再次受到了追捧。（在日本的"质量圈"，在中国被称为"质量管理小组"。）1983 年，"质量管理小组"的代表，甚至被请入中南海，跟总理进行汇报。[1] 这是质量历史上的感叹号，也是中国质量界风光无限的一个乐章。

---

[1] 刘源张：《感恩录：我的质量生涯》，科学出版社，2011 年，第 146 页。

中国非常认真地搞"质量圈"、质量月。但是，中国质量并没有因此而彻底翻身。各种各样的质量活动，还远远无法担起"质量兴国"的重任。贯彻质量的真正主角——企业家，还没有入场。

这一时期，中国的"质量管理小组"发展迅速。遍地都是"质量地鼠"，见一个打一个。中国企业用常识、态度、工匠精神，解决了很多质量问题。在这个时候，质量甚至还不是一个技术问题，通过简单的检验，就可以把它揪出来。但彼时已经可以看出来苗头，"全面质量控制"（TQC）要领导真抓实干才可以生效。"TQC"被很多人称为"头 QC"，换言之就是"推行全面质量管理的关键在领导"。而一些企业当家人对于质量秉着"不好卖就抓质量，好卖就没热情"的抱佛脚态度。要把质量上升到组织管理问题，整个时代似乎都还没有完全做好准备。

产品的质量，到底是由谁来决定？1982 年美国专家朱兰到中国讲课的时候，提出了"质量的好坏是由顾客决定的"。当时中国产品大多数采用的标准依然是苏联的。质量与谁挂钩，仍然没有被理清。这也不难理解在 1984 年，机械工业部对于机械产品的质量，依然是采用官方定价的方式来奖励。当时的奖励措施是，获得质量金奖品牌的产品可以加价20%。而产品则按等级进行定价，优等品可以加价 12% 以内。产品的定价问题，是市场反馈机制的核心。定价不自由，市场难决策。如果对质量的评价不能由其真正的用户来决定，激励质量的工作也就很难做到底。机械工业部一度出台政策，提倡用户到制造商的工厂里去监工，监管做好质量。质量向来具有多面性，能让它臣服的力量来自市场的用户。政府的奖励，并不能改变质量的秉性。

在职称体系上，也表现了对于质量认识的未成熟状态。在 1986 年前后，根据国家人事部规定，从事质量管理的人进行职称评审的时候，应申报"经济师"而非"工程师"。很多在企业将设计科改成"全面管理办公室"导致其工程师无法被评上高级工程师的职称①。

与此同时，国内对质量管理的推动仍在继续。原第一机械工业部副部长就曾经不懈推动质量意识的传播。他总是带着朱兰的《质量控制手册》，上下本共 1 400 多页的 16 开大书，到处去推广。

1986 年是中国质量管理的一个好年头。这一年全国经济工作会议决定，全国 8 200 家大中型企业要在"七五"（1986—1990 年）期间，建立全面质量管理保证制度。这 8 200 家企业工业生产总值占当时全国的 60%以上。当年就有 1 300 个企业达到推行标准②，因此中国质量协会欢呼"全面质量管理的春天到了"③。随后，国际标准化组织的质量标准也被翻译并引入中国作为等效标准。这一年，在质量条例和立法中，"商品质量"也被正式提出来，以区分原来的"产品质量"。这细微的区分，意味着"以生产为中心"的产品质量，正在从各个角度切换到以"以用户中心"的商品质量。

《中国计量法》于 1986 年正式发布。计量作为质量的标尺源头，是生产力的重要组成部分。但它一直被忽视，甚至被误认为"没有计量照

---

① 刘源张：《感恩录：我的质量生涯》，科学出版社，2011 年，第 126 页。
② 岳志坚主编：《中国质量管理》，中国财政经济出版社，1989 年，第 49 页。
③ 刘源张：《感恩录：我的质量生涯》，科学出版社，2011 年，第 179 页。

样出产品"。实际上根据当时的估计，经过计量检测而获得的企业生产和经营管理的数据，占全部数据的 70% 以上[1]。没有精确的计量，质量无从谈起。在这方面，当时的冶金工业部更重视计量工作。这也是有传统的，20 世纪 50 年代末大炼钢铁的时代，在"以工业为主，为生产服务，首先为钢铁工业服务"的目标下，计量深入基层。1979 年之后冶金工业部也派出工作组，狠抓燃料计量、计量器具等。中国的各个部委各有所长：机械工业部在"质量管理小组""全面质量管理"等方面起到了领先的作用，航天、航空和电子工业部在"可靠性"方面领先一步，冶金工业部抓计量的落地在钢铁行业很扎实，轻工业部管理的家用电器则在 1986 年率先推出"质量三包"政策，而化学工业部则很快开始将信息化管理引入到质量管理中来。兰州炼油化工厂作为苏联援华的 156 个项目之一，1958 年投产的时候承担了 60% 的全国军用油品生产。作为获得首批国家质量管理奖的三家企业之一，在 1985 年率先开发了"石油产品质量管理系统"，建立了微机局部网络。他们甚至还像开发产品一样开发管理方法。航空工业部和兵器工业部早在 20 世纪 80 年代就开始关注到了日本田口设计方法，并较早引入"健壮性设计"的整体框架。[2] 各个部委都有自己的质量方针，各舞千秋，各放精彩。

就在 1985—1986 年，"质量管理小组"形成了令人惊讶的全面开花之势。1980 年全国有 4 万多个质量管理小组，到了 1987 年大约为 149 万个，

---

① 岳志坚主编：《中国质量管理》，中国财政经济出版社，1989 年，第 205 页，第 389 页。
② 李跃生、邵家骏、苗宇涛编著：《质量功能展开技术》，国防工业出版社，2011 年，前言。

1988 年一年新增数量就有大约 62 万个，总计达到了惊人的 211 万个，比 1980 年增长了 50 多倍[①]，可以说是深入人心的基础活动。但可惜的是，质量意识并不是像骑自行车那样的技能，一旦学会就可以终身不忘。质量意识会耗散，会退化，会来走开，就像花盛开又枯萎。质量缺陷，似乎是人性缺陷的影子。

1989 年国家技术监督局牵头着手建立全国质量管理和质量保证标准化技术委员会（SAC/TC151）。当时很多人的看法仍然停留在"质量与经济效益没啥关系""产品有总比无好，何必强调质量""穷，哪里来钱搞革新"等说法[②]。

质量就是效益，说起来容易做起来难。二十世纪八十年代，中外汽车合资公司的成立事项进展缓慢。尽管当时也许没有国际汽车品牌真的重视中国市场，但是中国发展汽车的决心却越来越坚定。1984 年，中德双方签订协议合资生产上海大众汽车，是中国汽车产业的里程碑。德国大众汽车集团是少数对中国汽车工业释放善意的国际汽车巨头之一，桑塔纳牌轿车也终于在原来的上海拖拉机厂落地。当时德国大众的工程师简直不敢相信自己的眼睛，有时候居然还有污水穿过车间。对于中国而言，更紧迫的挑战是加快产品的国产化。一辆桑塔纳轿车有一万多个零部件；德方要求所有零部件都必须通过大众的认证。这样的条款，在当时看上去像是专门为中国设定的限制性门槛。按照这个要求，中国只有

---

① 岳志坚主编：《中国质量管理》，中国财政经济出版社，1989 年，第 253 页。
② 刘源张：《感恩录：我的质量生涯》，科学出版社，2011 年，第 180 页。

三种零部件符合德国标准，分别是收音机、天线和轮胎。

当时有两种选择：一是跟着德国的标准走，但国产化会步履艰难；二是干脆带"病"放行，让有缺陷的汽车流入市场——比如只在国内市场销售。政府部门和中方企业管理层顶住压力，选择了前者：坚持质量，百分百地按照德国的标准进行生产。

质量与经济效益并非天生一对，二者也经常厮杀在一起。坚持什么、不坚持什么需要抉择。质量很容易成为工业化思维的试金石。

二、可靠性的小曲

可靠性问题在第二次世界大战中开始被提出，并在 20 世纪 50 年代奠定了可靠性工程学科的基础。典型的标志是 1957 年美国电子设备可靠性咨询组提出的报告中给可靠性做了定义，确定了可靠性工程的研究方向。

20 世纪 50 年代，可靠性工程专业在美国正式诞生。很多美国军机被派到远东地区作战的时候，机载电子设备经常失效。朝鲜战争期间，在寒冷的气候下这类问题尤其明显。对这些问题的研究推进了可靠性概念的发展。60 年代美国颁发了一系列可靠性军用标准，在航空航天、电子系统中率先广泛应用。

在苏联从中国撤走全部专家之际，摆在国人面前的问题是大量舰艇的电子零部件损坏时应如何修理。这是中国电子行业发展可靠性的肇端，即首先从解决军用品的电子部件老化开始。但要想系统性解决，需要时日。在中国，比较早开展可靠性研究的是原电子部第五研究所（现为工业和信息化部电子第五研究所，又名中国电子产品可靠性与环境试验研究所），在 60 年代初就进行了可靠性评估的开拓性工作。

可靠性技术在工程上获得实际应用的领域是航天工程。1962 年 3 月，中国第一枚自主研制的弹道导弹"东风二号"，在酒泉基地的导弹试验靶场发射出 69 秒之后就坠毁。中国科学家钱学森带领研究人员很快找到了原因，包括试验不全面、发动机不稳定等。1964 年"东风二号"发射成功。这个过程，开启了可靠性工程的新篇章。1965 年，在专家建议下，原第七机械工业部成立了可靠性与质量控制研究所，专门开展相关研究工作。

到了 20 世纪 70 年代，中国的可靠性技术有了新的发展，主要得益于两个领域的推进：一是航天及武器系统的发展，二是电子元器件的快速发展。当时受设备和工艺条件的限制，良品率很难提高。为了保障对军方供应，一些特殊的方法也被加以使用。非常典型的就是"七专产品"，也就是专批（专门研制）、专技（专门技术条件）、专人、专机、专料（定品种定场点）、专检和专卡（专门流程卡和跟踪卡），从而将元器件上机率从 10% 以下提高到 90% 以上。[①] 这是特殊条件下的产物，保障了国家的安全。就在这前后，美国国防部开始反思军品专用标准的局限性和资源的浪费，并逐渐取消了专门为军队提供的产品标准，尽量向商业标准靠拢，实现军民一体化的工业体系融合。

---

① 岳志坚主编：《中国质量管理》，中国财政经济出版社，1989 年，第 349 页。

从中国上海到日本熊本市将近 900 公里的中日海底同轴电缆于 1976 年开始建设，这对可靠性的认知也是一个巨大的促进。由于对高可靠元器件的需要，开始采用通过极端化的加速试验来达到极限值的做法。东风导弹、海底电缆这类重大工程，率先引起了人们对于可靠性的重视。

数不胜数的元器件分布在整机装备中，相互之间叠加发生作用。因此，元器件的可靠性，是整机可靠性的基础。原电子部第五研究所建立的可靠性数据中心，在大量调研、试验基础上，制订了《电子设备可靠性预计手册》，并且在 1987 年正式作为国家军用标准颁发实施①。20 世纪 80 年代，"全面质量管理"的推行，已经启蒙了人们对于质量的认识，"可靠性"被更多地提到案头桌面。电视机的快速普及，也对"可靠性"有了很大的促进。1979 年在济南举行的两机会议（电视机和录像机）上，可靠性的问题也被重点提出②。

中国发展空中技术，采用先航天、后航空的策略，这对于可靠性工程也影响巨大。航天事业的发展，与电子行业的交互，引领了中国可靠性学科的发展。1985 年，中国一航成都飞机设计所为了研制歼-10 战斗机，在中国航空工业开始全面引入可靠性工程。它主要是为了研究与故障相关的产品的设计特性，包含可靠性、维修性、测试性、保障性、环境适应性和安全性，统称为"故障六性"，后来武器装备行业将其称为"通用质量特性"。也就是在这一年，北京航空航天大学成立了工程系统

---

① 岳志坚主编：《中国质量管理》，中国财政经济出版社，1989 年，第 338 页。
② 刘源张：《感恩录：我的质量生涯》，科学出版社，2011 年，第 128 页。

工程系和可靠性研究所。此时，这些专业词汇在国外工业界已经应用 30 多年。

这期间，日本学者田口玄一在 20 世纪 80 年代前后提出参数设计的方法，可以寻找最佳组合搭配的试验，实现低成本高质量可靠性，只需要少量试验次数就可以达到解决可靠性设计的方法。高加速寿命测试（Highly Accelerated Life Testing，HALT）是美国专家提出的加速老化的试验，也是一种思路。通过极限试验，以强度换时间。寻找产品工作极限和破坏极限，把产品做到坏为止，以快速找到短板。可靠性的根基越来越扎实。

在质量特性的王国里面，可靠性是很难以琢磨的。可靠性与使用场景和工况有关系。重现这些场景的差异性，实现可靠的测量与预测，都将需要巨大的投资，而且所需时间漫长。工业化为什么需要漫长的时间？因为认识可靠性，需要大量的工程数据。这需要一个漫长的数据积累过程，而且获取工程实验数据花费巨大。像全球三大航空发动机公司之一的美国普惠公司的轴流式涡扇发动机 F100，在 1972 年就随道格拉斯公司的 F‑15A "鹰" 式战斗机开始服役。在起飞之前，它在地面试验和飞行试验的台数分别为 27 台和 87 台，累计总试验量达到 18 000 小时。而这些发动机所吞下的燃气、设备运转的电费，都是天价数字。实际上，在一款发动机的研制费用中，设计占 10%，制造占 40%，而试验要占 50%[1]。

---

[1] 姜浩、秦沁：《航空发动机试验过程详解——访我国著名航空发动机专家刘大响院士》，《兵工科技》2008 年第 11 期，第 13 页。

可靠性，就是靠烧钱"烧"出来的特性。而可靠性也是中国质量界需要长期攻克的一头拦路虎。很多产品在市场上失去信誉，往往都是夭折在这个门槛上。

三、两种质量，两种控制图

自 1978 年中国开展全面质量管理以来，中央电视台数次播讲"全面质量管理"的"七种工具"，其中也包括休哈特在 1924 年创立的控制图。控制图在质量领域中，首先引入了高等数学。这是从传统的质量管理发展成现代质量管理的重要标志，被认为是质量管理发展史上的一个里程碑。休哈特推动了控制图，风行世界各国，这对贯彻"预防为主"方针，保证产品质量，立下了功劳。根据 1983 年 12 月日本名古屋工业大学对 111 家日本企业的调查，平均每个企业使用 137 张控制图。美国柯达彩色胶卷生产部门大约有职工 5 000 人，共使用约 35 000 张控制图，人均约 7 张[①]。

控制图如此惹人喜爱，当然有其奥妙。1981 年，北京科技大学张公绪教授在辅导桂林制药厂的质量提升期间，提出了一种新型的控制图，为全球质量控制图推开了一扇新的窗户。休哈特的控制图，暗含了上下工序的独立性，从而可以实现质量问题的"道道把关不下行"：只要上道工序合格，下道工序自然合格。如此下去，控制图便能够保证最终产品的质量。但在实际现场尤其是在化工行业，上下工序的界限经常不明确。

---

① 岳志坚主编：《中国质量管理》，中国财政经济出版社，1989 年，第 302 页。

而且，上道工序对下道工序是有影响的，这被称之为"上影"[①]。张公绪教授区分了工序的影响，定义了两种质量，也就是"总质量"和"分质量"：总质量包括分质量和上影；当上影为零（上道对下道无影响）的时候，总质量才等于分质量。总质量用休哈特图来度量，是一种反映综合因素影响的测量值。对于工序的分质量，张公绪教授进一步提出了"选控图"，用于解决分质量的问题。从此，休哈特图也开始被称为"全控图"。人们对于质量控制图，有了更加精准的用途。

张公绪教授由此提出了"两种质量、两种控制图"的理论。这使得工厂车间的质量，在工序层面得到了进一步区分。人们能够看到质量隐藏在数据后面的真相。桂林制药厂在 1981 年采用选控理论后，分清了上下工序的责任，土霉素优级品率由 55.6% 提高到 80.5%，创该厂历史最好水平，每年可节约 11.3 万元。

1987 年，张公绪教授因此获得了国家科技进步奖，这是中国质量界值得珍惜的一项贡献。选控图的理论，也得到了美国莱特州立大学和英国谢菲尔德大学等教授的认可[②]。

在 20 世纪 80 年代将结束的时候，人们可以看到质量大师在这十年里得到了荣耀与光环。此前质量界所积蓄的理论财富，终于得到企业家的认可和社会的认同。以工具为主的质量工程和以管理为基础的质量

---

① 张公绪、孙静：《统计过程控制与诊断　第八讲　两种质量诊断理论与选控图》，《质量与可靠性》2003 年第 2 期，第 42 页。

② 岳志坚主编：《中国质量管理》，中国财政经济出版社，1989 年，第 302 页。

管理，也在这个时期开始交汇，迸发出极大的能量。一大批现代质量工程及管理大师都在这个时代交相呼应，这是质量科学的集大成阶段，也给企业带来全新的荣耀。二战后，质量旋律在日本、德国经历了 30 年低调的排练，终于在美国舞台上开启了高调的演出。质量大师们各有金句，让质量在企业家的脑海里扎根生芽。法国社会学家皮埃尔·布尔迪厄（Pierre Bourdieu）曾经指出，谈论质量是一种表明身份的工具，使人看起来更主动、更卖力和更有积极性①。然而，这种让企业家熠熠生辉的特殊勋章并不容易获得。而且佩戴者很快会意识到，保持徽章其实是一个漫长的旅程。

---

① 理查德·桑内特：《匠人》，李继宏译，上海译文出版社，2015 年，第 304 页。

第五章

走向全球化的企业家
（1990—1999 年）

我现在改行研究科学管理。

——中国著名科学家钱学森

第一节 全球化，开始啦

20 世纪 90 年代，全球化的变革开始加速，最早的钟声则在印度敲响。1991 年，印度开创了经济自由化模式，国外资本在印度的投资可以直接获得许可。资本开始向交易成本的洼地流动。1993 年欧洲联盟诞生，这是区域经济一体化的里程碑事件。欧盟不仅是一个自由贸易区，又是一个有着 5 亿多人口的一体化市场。1995 年，世界贸易组织成立，正式取代关税及贸易总协定，而它的使命就是使贸易国际化。以此时间为界，全球化正式确立了自己的身份。

世贸组织协议中规定了成员的技术和产品应该使用国际标准。这也意味着，标准的全球化圣火在这一刻被点燃。质量是圣火之下的主角，人人都能看到。

国际化的大门已经敞开，心中揣着国际版图的政治家和忙着跨境贸易的商人最先涌入其中，背后还有更长的队伍。野心勃勃的跨国公司企业家变得活跃起来，如同火山喷涌而出的熔浆顺流而下，在全球寻找自己合适的地盘：墨西哥、俄罗斯、印度、巴西、中国等，无一不是栖息之地。在这样的时代，加入世贸组织一定程度上意味着成为世界经济链条中的一环。这也是全球汽车巨头们布局中国市场的关键时刻，德国大众、美国通用、法国标致、日本丰田和本田等陆续都进入了中国市场。

与此同时，得益于跨海网络的建设，以及高容量光缆的带宽，信息流动开始加速。美国和日本之间跨太平洋电缆的带宽频率，在20世纪最后十年间从每秒0.56 GB一路跳升到每秒640 GB，十年间增长了上千倍。[①] 信息高速公路一直在扩容，在海面之下不动声色地托起了陆海空中繁忙的港口交易，以及各个制造基地之间频繁的信息交换。

国际化贸易大力促进了跨国制造。新的制造热土等待着被激发巨大的潜能。制造业需要加紧转换产业形态，让零部件的生产、装配和最终的组装可以一气呵成。在异地生产的零部件之间，则需要有着更好的质量确定性。

与此同时，也有一些国家忙着建立壁垒。在国际贸易市场中，对于质量的评定方式是由标准决定的。日本正是将标准当作了武器。对于日本国内市场，日本向来以严防死守而闻名，尤其是在农业领域。保护日本的米农，都是历届政府的大事，而手段则是高明而隐蔽的。1994年，日本对进口大米设置的农药残留标准一共有56项，但是在四年时间后就增加到了104项。标准，是质量的"拦路虎"。日本政府利用标准进行公开合理地"拦截"外国米。

---

① 约拉姆·科伦：《全球化制造革命》，倪军等译，机械工业出版社，2015年，第9页。

质量，是不是应该有一个被国际广泛认可的标准呢？

第二节　给个定义可真难

在 20 世纪 80 年代质量大师戴明如日中天的时候，福特、通用汽车、宝洁等企业的负责人都请他担任质量顾问，但他从来没有为这些企业的首席执行官粉丝提供过任何一套完整的质量改进方案[①]。他改变的是这些人的认知方向。让质量成为企业首席执行官脑海中的一粒种子，这就足以产生改变企业的力量。

于是不难理解，戴明对于质量的定义并不想给出一个精确画像。模棱两可的原则，让戴明与其他的质量大师有所不同。但戴明的思想体系，如果简化成几个字，那就是"降低变异"[②]。戴明从对立的角度展开论述：变异是质量的天敌，不确定性是系统的大忌。两者都导致了质量缺陷，质量工作者就是要解决这两个无处不在的挑战。

要给出质量定义，需要在简洁与科学之间裁剪，颇为不易。人们时常听闻的质量认证体系——ISO9000 族标准，在 2015 年新版中对一系列术语和定义给出了相当严谨的描述。尽管看起来简洁，但真正理解它并不容易。

---

① 詹姆斯·埃文斯，威廉·林赛：《质量管理与卓越绩效》，中国质量协会编译，中国人民大学出版社，2016 年，第 15 页。
② 约翰·班克：《全面质量管理》中国人民大学出版社，影印版，1997 年，第 63 页。

日本的田口玄一从完全不同的视角进行了描述。传统的质量强调尺寸规格的符合性，田口玄一却意外地给出了一个更加开放的质量定义。他首先定义了"理想质量"，将其作为一个目标值。计算"实际质量"与"理想质量"差距的数学公式，就是质量损失函数[①]，用于表达由于购买了不合格品而导致的社会和经济损失。质量成为一个包含用户感知和满意度的多因素互动的函数。不过，这些质量定义看上去较为复杂，让大多数普通人望而生畏。

还有更多的质量大师，在寻求对质量进行精确而简洁的定义。克劳士比以其惊世骇俗的理念著称，他用的是"符合要求"。最早引入六西格玛的摩托罗拉总裁高尔文则认为，六西格玛就是用来界定高水平质量的标准。

作为质量理论宏大宫殿的奠基人，朱兰是一个平衡感非常好的质量大师。他跟戴明在20世纪20年代就有过交集。他们共同聆听了现代质量之父休哈特的教诲。与戴明相对不成体系的质量哲学不同，朱兰很早就注意将现场统计学与企业管理者之间的鸿沟打通。他在1951年编著的《质量控制手册》经过多年的修订，已经成为质量领域经典的指南。朱兰质量理论的宫殿，不是仅由自己完成的：他创建了朱兰质量研究院，带动了一批大师级的弟子去充实完善。他长寿的人生穿越了一个世纪，对这座质量殿堂给予了足够的荫庇。朱兰认为质量就是"适合使用"，这

[①] S. 托马斯·福斯特：《质量管理：整合供应链》，何桢译，中国人民大学出版社，2018年，第36页。

是一个持续了很久的定义。但在朱兰研究院 2014 年出版的《朱兰质量管理与分析》（第六版）手册中，提出要将这个定义修改为"合乎目的"①，或者是"符合用途"②。于是到了 2017 年出版的第七版《朱兰质量手册》，这个定义被正式改为"适目的性"③。

这一个词的改动，代表了朱兰研究院试图为质量定义寻求普遍适用性。经济活动正在由制造有形产品为主，转向以提供生产服务和信息服务为主。因此，产品质量将不再仅仅是对用户而言的，还会更广范围地影响其他人④。例如，汽车动力电池的废弃处理，除了影响电动汽车购买者之外，还会涉及到同一环境中的其他人。

再例如，有人会用螺丝刀起罐头，这就是用户自己采用的"用途"，而非制造商定义的"使用"范畴了。那么，质量是否要考虑这些被用户"滥用"的场合呢？

另外一个例子是，一台机床本来是可以用来加工 6 缸发动机和 8 缸发动机这两种型号发动机所需的不同曲轴，但机床在被购买并入生产线的前十年期间，却从未加工过一个 6 缸发动机所需的曲轴。这个被用户"少用"的场合，是否需要考虑它的质量特性呢？

---

① 约瑟夫・A. 德费欧，弗兰克・M. 格里纳：《朱兰质量管理与分析》（翻译版・原书第 6 版），苏秦等译，机械工业出版社，2017 年，第 4 页。
② 约瑟夫 A. 笛福，约瑟夫 M. 朱兰：《朱兰的卓越领导者质量管理精要》，赵晓雯译，机械工业出版社，2018 年，第 3 页。
③ 约瑟夫・A. 德费欧主编：《朱兰质量手册》（第七版），中国质量协会主持翻译，中国人民大学出版社，2021 年，第 35 页。
④ 约瑟夫 A. 笛福，约瑟夫 M. 朱兰：《朱兰的卓越领导者质量管理精要》，赵晓雯译，机械工业出版社，2018 年，第 16 页。

　　作为先驱的质量大师们，对于质量的讨论基本都是围绕"符合""一致""减少变差"等，但是其他一些质量工作者却在其中发现了不一样的视角。变异的存在难道就是万恶之源吗？对于质量和适用的追求过程中，什么时候是应该尽量消除变异的？什么时候是可以让变异存在，甚至是可以鼓励变异的？现在看来，至少在产品设计阶段，变异是应该被鼓励的。产品的设计是一种需求工程，有需求就有设计。如果对于需求仅有一种设计能够满足，那也许是一种悲哀。

　　需求工程对于质量的理解也为传统质量视角打开新的一扇窗。需求被分为功能性需求和非功能性需求，而非功能性需求则可以被看成是质量定义的内容。从这个角度看，质量是对建立在功能性需求基础上的用户深层次需求的设计和满足。例如，电视机可以用来看是功能性需求，而延长无故障的使用时间则是非功能性需求——这就是可靠性等质量因素所考虑的问题。既然是非功能性需求，其满足的方式就可能是多样性的。2002年诺贝尔经济学奖授予了一位心理学家丹尼尔·卡内曼（Daniel Kahneman），他的理论包括认知的不确定性和不稳定性，而且认知的多样性是与生俱来的。

　　质量也可以看作对认知的反应，从产品、用户、价值、生产等多种视角审视质量，也许会有不同的答案。

　　1984年美国哈佛商学院的戴维·A. 加文（David A. Garvin）提出了著名的质量八维，包括性能、特征、可靠性、符合性、耐久性、服务性、美感、感知质量。即使质量有了八个维度，但其仍然有丰富的空间，如响应性、沟通性、方便性等包括服务质量的维度也被提出来。三位来自美国德克萨斯农工大学的市场营销教授，以他们各自名字的首字母发布了"PZB"服务质量维度，被许多服务公司用来测量质量性能[①]。

事实证明，用简洁的词语已经不能完全表达质量的多样性。每种质量理论都有大批拥趸，过分强调质量定义在文字描述上的差别，只会引起分歧矛盾，甚至相互攻讦。

为了更好地平衡这些特性，《朱兰质量管理与分析》手册中给出了另外一种方法，用两个维度来表现质量[②]：首先是"质量特性"；满足客户需求往往需要更好的设计，因此更高的质量也意味着更高的成本。其次是"无缺陷"，如果每个产品都没有缺陷，那么拥有更高质量的成本通常会更低。将质量的范畴放到更长的时间和空间来看，质量的这两面都不可少；正面偏于进取，反面偏于防守，这是由企业不同的质量活动决定的。

第三节　不同人的视角

理解不同的质量定义，对于企业而言是很重要的。质量有着不同的表现，在每个可能的岗位上都有自己的位置。例如，一个采购员费尽心

[①] S. 托马斯·福斯特：《管理质量：整合供应链》，何桢译，中国人民大学出版社，2018 年，第 6 页。

[②] 约瑟夫 A. 笛福，约瑟夫 M. 朱兰：《朱兰的卓越领导者质量管理精要》，赵晓雯译，机械工业出版社，2018 年，第 4 页。

思进行原材料挑选所塑造的产品质量，可能会被一个对顾客漫不经心的客服人员轻而易举地摧毁。[①] 采购和客服这两个同公司的不同岗位角色，平时少有对话的机会，但质量的"恶作剧"，却会让这两人形成绑定的关系：我的失败，就是你的失败。即便身处不同岗位的人对于质量各有不同的心思和苦恼，许多的岗位就是如此连接起来的。

质量部门也许是制造行业中组织边界相对模糊的岗位。它被授权的职责，经常远远低于它被期望拥有的力量。质量部门的进化无法一蹴而就，在某些企业中，设计错误、采购瑕疵、批次不匀、指导书缺失等所导致的问题，都被归为质量问题，由质量部门负责。还有一些企业的质量部门，迄今为止仍然是由一个经理和一批检查员所组成。

从市场营销人员的角度看，为了赢得客户的青睐，他们更偏重于感知质量。他们会更容易被竞争对手的所作所为而吸引，对于产品的规格、尺寸、配置有着锱铢必较的认真。而他们对产品的热情宣扬，也可能使用户产生不切合实际的浮想，最终也许会使制造受到伤害。

从供应链的角度看，采购者会看到原材料和零部件的种类五花八门，难以统一。不同供应商、不同仓库，甚至不同批次的产品都可能有差异。一个供应商送来的同一批货，并不代表着是同一个生产批次的，质量瑕疵风险隐含其中。当这些货品四处流转时，也可能产生新的质量问题。

从设计师的角度看，设计周期和因素的变更可能带来质量问题。设

---

① S. 托马斯·福斯特：《管理质量：整合供应链》，何桢译，中国人民大学出版社，2018 年，第 6 页。

计周期似乎总是不够用的，人员之间的协同也容易产生误解和抱怨。尽管设计会在较大程度上影响制造成本，但现实中设计时间经常会被压缩。有时候设计师缺少时间考虑影响后续制造的质量因素，或者在设计基本完成之时又因各种事由需要进行设计变更，这也许会引来更多潜在的风险。每变更一个因素，后期的制造都可能发生巨大的变化。因此，零部件如果符合标准要求就不需再做任何改进，因为一旦变更有可能造成新的不良影响。而为了评测影响还需要从头开始重新做试验，从交付工期来看，也许就变成了一个灾难。正如一句俗语所言："更好"是"好"的敌人。

从工厂里的运营者的角度看，由于人们倾向于相信质量都是在这里被首次制造出来的，他们背负着压力进行严防死守，恪守统计控制和"人机料法环测"的相互依赖，使制造现场充满了改善的期望。在工厂里，工匠精神被寄予厚望。它可能成为给予工人奖励的一面红旗，也可能成为被讨伐的道德标杆。叠罗汉是个有趣的游戏，但所有的重量都压给了最下面的人。

从客户服务的角度来看，各种意外的问题，大都是披着质量的外衣闯进门来的。顾客的投诉，通常会被看成是质量问题。其实这是一种误区，很多质量投诉并不是由于产品本身的质量引起的。有些问题可以被引导转向其他的处理方式，在互联网时代尤其如此。例如交付的问题，往往是第三方物流运输的问题。对于客户投诉，需要仔细分析。投诉越多，企业利润就一定越低吗？日本质量专家久米均的回答是否定的。通过对日本企业的调研，他观察到了有趣的现象：有的产品投诉率虽然很高，但是由于其市场规模逐渐扩大，仍然可以获得相当多的利润；而有的成熟产品尽管投诉率很低，但竞争太多，利润也日渐微薄。时光荏苒，随着产品的逐步成熟，产品的利润会下降，处理顾客抱怨的费用也会逐渐下降。新产品上市之时，毛病往往最多。[①] 经营上最大的挑战之一，就是降低不合格产品率。

对于战略管理者而言，要把战略、使命这样宏大的命题映射到质量目标，其实是一种并不轻松而且经常被忽略的技能。缺少专业思维训练的管理者会因为对质量的漠视而受到惩罚：或者丧失市场占有率，或者丢失客户忠诚度。这些报复不会立刻出现，而是经常会披着与质量无关的外衣。

在各个不同的岗位中，财务人员也是对质量"斤斤计较"的岗位。财务人员是质量链条上令人不安的判官。有时候财务人员的谨慎，容易导致对质量改进提案的否决。但质量改进与财务成败之间的因果关系，实在过于复杂。多个交叉发生作用的变量中，资金投入是直观的。而作为它的保护人，财务人员当然会据理力争。有一种老旧的错误观念，认为提高质量意味着高昂的成本。其实，总质量成本远远超过改进质量的成本。提高质量不一定增加成本，因为产品、服务和过程绩效不佳所带来的相关成本巨大。未满足客户要求的成本、未准时提供服务的成本、返工成本等，这些都是属于不良质量成本（Cost of Poor Quality，COPQ）。如果能够对这个成本进行量化，会立刻引起所有公司管理层的关注。根

---

① 久米均：《设计开发的质量管理》，张晓东译，中国质检出版社，2011 年，第 3 页。

据朱兰质量研究院的研究，不良质量成本会占据所有成本费用中 15%～30% 的比例[①]。

既然财务是一道难以攻破的围墙，不妨将质量成本再掰碎一点。对不良质量成本与企业花费的成本，需要做更仔细的区分。20 世纪 50 年代，费根鲍姆提出"不良质量成本"的概念，后来朱兰等人对其进行了定义加强。但是不良质量成本并非企业花费的成本专指与不良质量有关的成本。所以说，质量成本不是花费，而是损失的部分，因此准确地说应该叫做"不良质量的成本"，它属于管理成本，而非财务成本[②]。

人力资源部门也不能置身事外。质量从本质而言，是关于人的学问，这正是它非常不可琢磨的。员工的情绪会直接影响产品的质量，行为科学早已经清晰地表明了员工士气与生产率、质量之间的关系。负面情绪会产生多种不良质量，而积极的斗志则会形成新的质量追求。朱兰认为影响质量的因素分为两类：一类是关键的少数因素，它们对于质量突破起到关键的作用，就像"二八法则"一样；但大多数因素是另外一类，被称为"有用的多数"，例如很多技改小项目、质量小改善等，都会带来昂扬的士气与和谐的团队。它激发出一种竞争向上的催化酶作用，散在空气中，悄悄地改变着人们的行为。20 世纪 80 年代，美国学者在一些企业组织中不断研究发展而成的 360 度绩效评估法，又称为全方位考核法，

① 约瑟夫 A. 笛福，约瑟夫 M. 朱兰：《朱兰的卓越领导者质量管理精要》，赵晓雯译，机械工业出版社，2018 年，第 142 页。
② 张根宝主编：《现代质量工程》，机械工业出版社，2021 年，第 327 页。

是一种增强视角的绩效评价。它意在激发群体之间的交互评估，从而发现人的潜能。而质量，可以成为其中一种重要的主题。

上述对质量的视角，还只是局限在一个公司的内墙。如果放眼墙外，想像和内容将更加丰富。中国质量专家韩福荣教授基于相关方满意质量观念，提出质量生态系统[①]。他研究了系统内部结构和功能属性的形成、演变与环境之间相互作用机制等。

如此看来，还会有人试图用一种规则或者一个定义来挑战质量吗？显见的事实是，没有一种质量语言是完美的。只有将质量分解成不同的形状、不同的语言，才能让企业最后的质量表现跟初始时设计的战略一样完美。

人们应该已经能够意识到，"管理的质量"和"对质量的管理"是同等重要的。在这种趋势下，"质量保证"需要让位置于"质量管理"。于是，人们开始用"大 Q"（大质量）来突出对所有组织过程的质量的管理，它逐渐指向了卓越绩效；而"小 q"（小质量）用来专门针对制造质量的管理。二者结合起来，逐渐出现了全面质量管理。

第四节　质量与战略

1992 年，美国 9 家大企业和商学院联合推出了"全面质量"的定义，

---

① 韩福荣：《现代质量管理学》，机械工业出版社，2021 年，第 36 页。

其中强调了三个关键点：以人为中心的管理系统、不断地降低成本、持续提升顾客的满意度。

实际上，这个概念很早以前就出现了，费根鲍姆在 20 世纪 50 年代提出了"全面质量控制"，日本学者在使用过程中将它进化成"公司范围内的质量控制"。虽然日本企业依然采用的是"全面质量控制"这个术语，而且已经具备了事实上的"全面质量管理"，但是，"全面质量管理"这一术语是由美国海军航空系统司令部在 1985 确定下来的[①]。直到 1997 年，日本科学技术联盟终于采用"全面质量管理"代替了"全面质量控制"这个词。旷日持久的混乱之后，日本所使用的术语，终于与其他地区的普遍用法保持了一致[②]。

整体来看，"全面质量管理"的概念源自美国的质量大师费根鲍姆，被日本企业大而化之且深化应用，由美国学者给出了被广泛接受的"全面质量管理"这个术语。这是一个知行合一的探索过程，"知"之概念不断变形，终于找到了一个适合"行"之空间的过程。自然地，它也造成了许多概念上的困惑。新中国成立后早期质量理论受苏联影响，在 1978 年之后则深受日本影响，以至于在 TQC 被引入中国的时候，也按照日语的意思将其翻译成"全面质量管理"。这种切换，不仅造成了很多概念上的混乱，也使得中国产业界直接进入了全面质量管理的阶段，若有若无

---

① 詹姆斯·埃文斯，威廉·林赛：《质量管理与卓越绩效》，中国质量协会编译，中国人民大学出版社，2016 年，第 15 页。

② 约瑟夫·A. 德费欧主编：《朱兰质量手册》（第七版），中国质量协会主持翻译，中国人民大学出版社，2021 年，第 223 页。

地淡化了统计过程控制的作用，留下了数理统计在质量领域未被广泛应用的缺憾。这需要更大的努力去弥补。

在日本、美国理论家大张旗鼓的宣传下，许多企业家推波助澜，许多美国公司开始实施质量管理计划，但是仍然有很多公司走向惨败。例如，后来被美国麦道公司收购的道格拉斯飞机制造公司，也是"全面质量管理"的狂热追捧者。质疑者源源不断，他们认为"'全面质量管理'是一支不能在岩石上生长的日本的温室花朵"[①]。反驳者则认为，问题不在于质量管理的基本原则，糟糕的管理才是这些改革灾难的关键原因。

施乐公司同样提供了一个反面案例，该公司在历史上的成就总是忽高忽低。在复印机市场受到日本厂家长驱直入的侵蚀之后，施乐公司在1983年实施的质量领先的战略是成功的。但是1999年，它重回低谷，即使在2001年发起新质量理念，但最后依然平淡收场。从企业经营的长远视角来看，质量战略似乎只是胜利的陪伴者，依靠质量战略本身似乎并不能跑完全程。

这种争论与事实让人们注意到，如果没有战略的注入，单纯的"全面质量管理"是不会成功的。美国的欧文·拉兹洛（Erivn Laszlo）在《管理的新思维　第三代管理思想》中指出："全面质量管理"关注的是今天，但不能有效地预测明天"[②]。管理的重点不是维持，而是创新。因此，

---

① 詹姆斯·埃文斯，威廉·林赛：《质量管理与卓越绩效》，中国质量协会编译，中国人民大学出版社，2016年，第16页。

② 韩福荣：《现代质量管理学》，机械工业出版社，2021年，第17页。

"全面质量管理"不是各个部门质量改善计划的叠加；从上而下的组织设计和领导力，才是企业成败的关键。于是，对于质量的思考，被更多引向了企业的组织有效性和领导力；质量管理与组织的卓越绩效不可分割。质量这个球，终于被踢回到了董事会。接到皮球的董事们需要决定，到底应该采用什么样的质量框架，才能真正去开球呢？

整体而言，质量概念的演变有三个主要方向。第一个是生产型的质量，它以"符合性""一致性"为基础，重视规格、尺寸的符合性，相对比较静态。第二个是消费者型的质量，以"适用性""满足性"为基础；这类质量比较动态，需要格外重视改善。第三个是战略导向下企业追求领导型组织下的卓越绩效，这类质量与战略更深地被绑定在一起，这是一个可持续发展的方法。

随着生产线大规模向定制的转变，个性化需求日益明显，质量定义也在变化。符合性，代表的是一种客观的质量观，是一种绝对质量观；顾客满意度，是以消费者为中心的主观的质量观，是一种相对质量观[1]。但这种划分，很难给出明确的界限，因为二者都在向对方的边界渗透。

如此看来，多元化的质量理论应用是不可避免了。质量专家托马斯·福斯特称之为质量权变理论[2]。企业推行质量战略，或许需要单一的质量框架，但是不能仅用单一的理论。针对质量改进，一定会存在不同的意见，对此多元化的包容就显得非常重要。如果在信息之间形成了冲

---

① 韩福荣：《现代质量管理学》，机械工业出版社，2021年，第3页。
② S. 托马斯·福斯特：《质量管理：整合供应链》，何桢译，中国人民大学出版社，2018年，第39页。

突甚至是矛盾，也是正常的。获得美国波多里奇国家质量奖的企业，往往不会只采用一种质量哲学，而是采用多种方法来实现改进。质量战略的实施者，需要考虑不同质量专家的概念和边界，从而选择对企业有意义的模型。有的公司虽然开展了多年的质量管理，但是竟然在全公司上下没有一个统一的质量定义。类似的例子，在企业中屡见不鲜。权变质量揭露了一个质量理论的事实：即使再伟大的大师也不能用一种质量理论体系包打天下。企业家需要找到适合企业的方式，不用过于区分质量理论的差异性，而是去寻找质量理论的共性部分，打造适合自身的质量战略。

第五节　人人都爱六西格玛

以六西格玛为代表的美国质量改进运动和质量革命蓬勃发展，再次引燃了全球的质量革命。它从企业而来，传播者不是理论家，而是企业家。

六西格玛始于制造业，其关注点是降低缺陷率，要求出错率不能超过百万分之三点四。它的运行方式与20世纪70、80年代的全面质量管理有许多明显的区别。例如，全面质量管理是基于工作人员的自主性，六西格玛主要是由业务领导负责；全面质量管理通常集中于一种用途或者在单独的工作地点发生，而六西格玛管理则是应用于多个领域[1]。在很

---

① 詹姆斯·埃文斯，威廉·林赛：《质量管理与卓越绩效》，中国质量协会编译，中国人民大学出版社，2016年，第399页。

多方面，六西格玛的模式，是众多全面质量管理基础性概念的实现。与全面质量管理过于发散有所不同，六西格玛重新聚焦于过程管理①。

1995 年开始，六西格玛成为时任通用电气公司传奇首席执行官韦尔奇的新宠。在韦尔奇带领下，通用电气也开始引入了六西格玛活动，并且借助媒体将此活动作为一种质量改进措施而名声大震。韦尔奇曾经承认对六西格玛着了迷，并开始推动它。首席执行官兴高采烈的背后，则是沮丧的通用电气的高管们。一开始，很多管理层人员都感觉自己缺乏统计学知识而不能理解六西格玛。但是，一个强势的首席执行官一旦成为六西格玛的狂热信徒，庞大的通用电气公司就成为全球六西格玛的大型训练场。训练"黑带"要花费四个月的时间，但要成为一名精通各种分析工具的"黑带大师"需要花费两年的时间，而要获得正式认可的资格，"黑带大师"还必须主持 20 个项目。② 强势的执行，上下贯通，最终收获满满。在内部，通用电气产品收割了低缺陷率、高质量的成果；对外，六西格玛则成为通用电气卓越制造文化的一部分，是一种企业新文化的象征。

作为一种业务过程改进的方法，六西格玛的优势在于，它天生就自带台阶，而且每爬升一个台阶，都意味着付出了更大的努力。精益求精，每一次行动都有了持续的单一向前的方向，这是以往其他质量理论所不曾具备的魔力。就西格玛水平而言，从三西格玛提升到四西格玛意味着

---

① 中国质量协会编：《中国制造业企业质量管理蓝皮书（2018 版）》，人民出版社，2019 年，第 132 页。
② 高志远：《通用电器永葆青春的奥秘》，《企业改革与管理》，2012 年第 9 期，第 66 页。

缺陷率降低了 10 倍，从四西格玛到五西格玛是降低了 30 倍，而五西格玛到六西格玛则降低了 70 倍。这就好像爬山，开始的 1 千米，坡度是 10 度，人们胜任愉快；到了第二个 1 千米，坡度变成 30 度，大家气喘吁吁；到了第三个 1 000 米，坡度陡升至 70 度，这已经是专业人士借助于攀岩工具才能攀登的了。这种陡峭的质量爬坡，对于任何公司，都是一个极大的挑战。六西格玛理论所蕴藏的改进目标，是一种高度富有冲击性的挑战行为，它与 PDCA 循环理论所追求的温和改进，以及日本引以为豪的持续改善理论都截然不同。

既然可以持续逼近人性的极点，它自然受到了野心勃勃企业家的广泛欢迎。很自然地，六西格玛也开始溢出了制造业的边界，在服务业、政府等机构中也开始广泛使用。

六西格玛的魅力在于它可以不停地实现完善。通过测量识别可能的差距，然后推向极限。与此同时，还有一套科学的方法支持对过程绩效的改进。六西格玛通常被认为是对既有流程进行的改进的手段，而面向新产品开发所进行的过程则被称为六西格玛设计（Design For Six Sigma，DFSS）。DFSS 是通过产品的优化设计，从源头上提升设计质量的方式。通用电气公司和美国供应商协会都有各自的方法论模型①。美国供应商协会的名称看似好像是一个学术或者行业机构，但其实是一家咨询公司。六西格玛设计以顾客需求为导向，以质量屋为纽带，综合运用了试验设

---

① 韩福荣：《现代质量管理学》，机械工业出版社，2021 年，第 316 页。

计、参数设计和失效等设计技术。

虽然名称相似，但是在方法论上，六西格玛设计和六西格玛之间的联系其实并不紧密。六西格玛设计这个名称要表达的含义是，六西格玛水平的质量需要依靠设计才能达到。有的业内专家认为，六西格玛设计并不是一个工程学科或者方法的名称，而更像是一种营销用语；六西格玛设计的正规名称应该叫做质量工程。以往有质量控制、质量检测、质量保障，但没有质量工程的定义。工程的含义是运用科学原理对目标问题的解决提供设计以及进行改良。质量工程是对于质量进行设计和改良，而控制、检测和保障均不带有鲜明的工程色彩。基于质量首先要依靠良好的设计的基本原理，六西格玛设计针对质量问题，对进行系统性地设计和改良。

六西格玛设计具有一整套方法论，包括萃智（TRIZ）、公理化设计、田口方法、人机交互设计、容差设计、质量功能设计、可靠性设计、面向产品生命周期各环节的设计（Design for X，DFX）等，覆盖范围相当广泛。

在六西格玛设计方法中，"TRIZ"是浓墨重彩的一笔。"TRIZ"的含义就是发明式解决问题的理论。TRIZ 的创立者是苏联发明家和工程师根里奇·S. 阿奇舒勒（Genrich S. Altshuller）。他根据对 250 万份全世界高水平发明专利的调研，总结出看似随机的专利发明背后的规律。发明就是创造性解决问题——TRIZ 揭示出其中的客观规律，总结出 39 个不同的工程参数，包括重量、长度、压力、温度等，以及 40 个发明式解决问题的基本原则方法，诸如局部品质、复合、合并、非对称等。TRIZ 的思路是重新审视常规的解决问题思路。

同样具有里程碑意义的，是公理化设计。在产品设计中，"简单就是最好"备受推崇，但这只是理念而不是一套能够落地的工程方法论。而公理化设计的提出者是美国麻省理工学院的韩裔美籍教授徐南圭，通过两条公理，他对这个理念提供了有章可循的方法：第一公理是产品设计的功能独立性公理，比如调节手机屏幕亮度的时候，不应该带来色彩的显著变化，而调节色彩的时候不应该影响屏幕的亮度；第二公理是信息最小化公理，产品的使用所要求的输入信息应该是最小化的，如驾驶汽车就是掌握油门、刹车和方向盘。现在很多人并不会驾驶手动挡汽车，就是因为手动挡需要脚踩离合器同时配合手上动作。两个同时并行的输入参数，造成了驾驶难度加大——这不是产品设计改良的方向。徐南圭教授使用功能要求、参数设计和设计矩阵的工程方法，明确这三者之间的数学关系，并提供了两条公理的实现途径，比如功能独立公理的实现可以通过对角化设计矩阵来进行；信息最小化公理则可以通过设计参数的坐标变化来寻求优化。

三星公司是全球实施六西格玛设计收效最显著的公司之一。三星公司形成了一套完整的具有三星特色的实施办法，把设计思维、技术路线、质量功能展开、六西格玛设计、TRIZ、健壮性设计等整合在一起进行综合运用。三星公司的实践成果向全世界说明，六西格玛的设计实施不成功，不是方法论的问题，而是败于实施者的战略决心。

六西格玛显然有自我完善的能力。如果说它建立的强大工具仍然还是围绕制造流程，那么六西格玛设计则让这种超低质量缺陷率的思想延伸到设计领域。可以说，继承了田口玄一的参数设计的思想之后，美国学者找到了让质量关口前移的可靠方法论。

进一步来看，六西格玛也开始与精益的价值流分析、单件流拉动等方式，形成了"精益六西格玛"（Lean Six Sigma，LSS）管理。六西格玛，成为一种动态更新的质量管理方式。需要重复强调的是，六西格玛不仅是技术，也是一套管理方式。在发展过程中，一批美国优秀的制造企业，如霍尼韦尔、3M、波音公司等，都在六西格玛的实践道路上斩获颇丰。例如，霍尼韦尔公司是六西格玛的积极倡导者，并且把工作方法融入到研发流程和制造过程中，形成了适合公司的霍尼韦尔运营方式。用流程锁定激情，让质量归于平淡，以实现最好的质量改善。

作为一个质量工程的工具，六西格玛与日本的精益相比，推行起来要简单得多。精益思想看上去是全球的，但其实还是深具日本民族性。在日本以外，很难找到让精益快速落地的土壤。像福特汽车的流水线那样，二战之前在美国大获成功，但在英国、德国、苏联却都迟迟难以找到成功的基地。流水线、精益思想以及许多的质量理论，看上去似乎是技术的，但归根结底还是文化的。

还有另外一个原因，让六西格玛能够成为企业家的心爱之物。那里六西格玛配套了一套技能等级的制度，如黑带、绿带等晋级计划，此措重新点燃了职场上的竞争热火，让人们意趣盎然。就像在一个成功的游戏之中，角色、晋级与奖励都是这个游戏非常吸引人的原因。很显然，六西格玛战略窥测了人性，借助了游戏规则，暗中激发了人的活力与潜能。这不禁让人们再次想起，质量是关乎人的艺术。即使拥有高超的技术和强大的工具，质量工程与质量文化也必须同步前进。卓越的质量战略，无法在违背人性的钳制下快速奔跑。松绑的人们，才会创造出更高的质量。其实早在美国西方电气公司霍桑工厂，这个启示就已经释放出璀璨的火花。但遗憾的是，即使在现在，很多企业家依然未能有所察觉，质量仍然被看作是技术的一个分支而已。

第六节　质量印象不匹配

1993 年，已经上任六年并一直为质量忧心忡忡的三星集团会长正在陷入新的恐惧之中。当时已经进入美国家用录像机市场的韩国三星品牌，其产品的质量已经比较好，但仍然是以低于日本品牌产品和美国品牌产品的低廉价格进行销售。三星公司决定抹掉顾客脑海里关于三星制造就是廉价商品的印象。在时任会长去美国洛杉矶参观访问的时候，三星公司举办了"电子部门出口产品当地评价会议"，将竞争对手的 78 种产品与自己的产品一一摆在会场上，包括摄像机、电视机、冰箱、洗衣机等。三星产品无论是设计还是性能上都存在着巨大的差距，只能甘拜下风。[①] 时任会长认为，美国市场成败决定了三星公司的存亡，如果三星产品在美国市场蒙上了灰尘，那么三星公司在 21 世纪将很难生存。

---

① 叶庞：《三星的成功与不足》，《招商周刊》，2005 年第 27 期，第 33 页。

1993 年 6 月，韩国三星集团的高层团队聚集在德国法兰克福，经过 20 多小时马拉松式的会议，最后提出促进经营方式转变的宣言：从以数量为主的经营模式转变到质量最优先的经营模式[①]。"质量最优先"战略模式正式启动。

三星公司的"质量不匹配"困境，给人们提出了一个有意思的命题，那就是"印象质量"与"实际质量"的差别。当时市场上日本制造产品的印象质量超过了实际质量，换言之，日本制造的产品质量固然不错，但印象质量更好。

美国企业有同样的困惑。20 世纪 70 年代，令美国汽车界深感困惑的是，为什么美国汽车的实际质量并不比日本汽车差，但日本汽车在民众中的印象质量就是要更好？20 世纪 80 年代初，美国也曾发起了"质量十字军"的宣传运动[②]，让美国消费者了解印象质量和实际质量之间的区别，希望民众能够多购买美国产品。

中国制造产品也遇到过与三星公司产品类似的境遇，一些顾客对于"中国制造"的印象质量比实际质量要低。那么，这个印象质量是如何建立起来的？

印象质量有用户满意度和用户忠诚度的区别[③]。美国密西根大学开创的用户满意度调查，已经被改成了消费者信心指数，成为美国一项重要

[①] 孙静：《质量最优先：是盈，还是亏》，《清华管理评论》，2018 年第 11 期。

[②] 刘源张：《刘源张自传》，科学出版社，2014 年，第 258 页。

[③] 同上，第 270 页。

的经济指标，很多企业参考其数据做出经营决策。从企业家的角度出发，印象质量的提升包含了品牌战略、社会责任和追求卓越的举措。实际上，无论是美国波多里奇国家质量奖，还是中国的全国质量奖，都有"卓越绩效"的国家标准在其中。这意味着，卓越绩效是企业家的必备功课，必须由企业一把手亲自抓质量，才有可能实现较好的效果。

实际质量的打造，涉及标准化战略、质量管理小组等集体质量活动，以及企业在研发、设计、制造等方面的加强，这是企业质量管理比较熟悉的经营活动。

中国质量专家刘源张先生描述了印象质量与实际质量的分离。二者的差距不能过大，如果印象质量无法以实际质量作为支撑，那么产品的口碑就将成为一个灾难。

除了上面提到的这些因素之外，还有一种潜移默化的民族制造，或者称之为国家制造的群体影响在其中。例如，之所以日本制造的印象质量高是源于它的质量神话，而质量神话是由它的制造系统的神话来保驾护航的。讲好制造故事，挖掘制造的精髓，也为质量加了分。为什么早期的中国企业家，往往都有砸碎伪劣产品的故事。其实这类事情，本身就是故事效应的结果，但这种做法现在已经过时了。从长远来讲，清楚企业独特的制造系统、研发流程的改善等，这些都会更好地促进印象质量的飞跃。

要理解日本文化对于制造业的影响，可以类比全球好莱坞的电影业。好莱坞不仅产生了很多经典影片，它还代表了一种强势的美国文化，在不知不觉中向全球输出美国的主流价值观。朱兰在他75岁高龄之时创建的美国朱兰研究院也是如此，它就像是质量领域的迪士尼。朱兰早已离世，但是他的继承者们依然以他的名号，在定义质量世界的秩序。同样的，真正能代表日本强势的制造文化的，也未必是某些具体产品，而是它的制造理念中所引用的日文语句。

从精益生产的角度看，日语单词如"Kanban"（看板）、"Andon"（故障提醒灯）、"Muda"（浪费）、"Poka Yoke"（防呆防错系统）、"Kaizen"（改善）等，早已成为全球制造系统的一部分，在英语、德语中都有直接采纳的同音词使用。在质量领域也是如此，例如到处流行的质量圈，日本的新老七种质量工具，还有"6S"（早期是"5S"）等。"6S"是取自日语罗马拼音中的第一个字母，包括整理（Seiri）、整顿（Seiton）、清扫（Seiso）、清洁（Seiketsu）、素养（Shitsuke）和安全（Security）。早在1955年，当时只提出了整理和整顿两个"S"，而后逐渐扩大①。1986年首部5S著作的问世，是对现场管理模式的一次巨大提升。更复杂的还有质量的方针管理。"Hoshin"在日语中是指南、路线、方针等的意思，而"Kanri"的意思是管理与控制，英语中直接借用了"Hoshin Kanri"作为方针管理。借助于制造，日本也在输出自己的语言文化。

然而，全球很多国家和地区对于中国制造的认知仍然十分贫乏，甚至无知得令人惊讶。美国有一个著名的世界大型企业联合会，是大企业家们的俱乐部。大家可以共同商定企业价值观，带有很强的风向标特点。

---

① 张根宝主编：《现代质量工程》，机械工业出版社，2021年，第259页。

它下辖一个全面质量管理中心，进行全球企业质量管理的调查研究。1997年11月在上海举行的一次会议中，参会的一个美国企业家问在场的刘源张：听说中国军工企业的产品质量出现问题，工人是要被枪毙的？[①] 这种匪夷所思的认识，反映出中国在全球工业文化的传播还有相当大的空白地带。

对于质量与国家兴旺的关系，中国已经有了很深的体会。1996年中国颁布《质量振兴纲要（1996年—2010年》，这是第一个国家的质量振兴计划。与此相配套的是，当时国家技术监督局也推出了1996年质量战略，涉及"人才、标准和品牌"[②]。"品牌"这两个字，是20世纪最后十年，在中国市场开始被热议起来的词汇。企业将其作为一种巨大的荣誉，当然更是收割利润的机器。人们都开始思考，同样的产品，如何能够实现利润最大化。

品牌战略，开始成为企业全心关注的焦点。品牌与质量，隐隐地画上了等号，而且可以带来巨大的经济效益。质量，将换一种方式，重新向人们的心智展开冲击。中央电视台长期以来是万目注视的焦点，在央视播放广告成为了快速打造品牌知名度的方式。山东一家酒厂曾经通过狂砸广告的方式，成就当时炙手可热的白酒。1995年，该公司在广告竞价中投入6 666万元，夺得央视广告的标王，第二年又拍出3.2亿元卫冕标王。当时有记者问投入这么多钱不心疼吗？该公司领导说的话让不

---

① 刘源张：《感恩录：我的质量生涯》，科学出版社，2011年，第264页。

② 同上，第259页。

少人印象深刻。他的回答是，1995 年每天向中央电视台开进去一辆桑塔纳，开出的是一辆豪华奥迪，1996 年每天要开进去一辆豪华奔驰，争取开出一辆加长林肯[①]。

好景不长，1997 年该企业因为原酒加水勾兑事件被媒体曝光而遭受了灭顶之灾。急功近利者从一个极端走向另外一个极端，对于质量的本意，就难以静下心来去琢磨。

一个追求优秀的企业，质量战略是必不可少的。质量的金字招牌，不是用来招揽用户的信号，而是用来照亮企业自己脚下的路。三星集团提出的旨在改变印象质量太低以至于影响利润的"质量最优先"战略，取得了惊人的成效。十年之后，三星集团在韩国首尔新罗大饭店召开了"质量最优先"经营宣言的 10 周年纪念大会，宣布营业额增长 3 倍，而利润则增长近 30 倍。三星的成功，发人深省。

第七节　认证体系走向巅峰

中国在 1993 年开始实施 GB/T19000 系列标准，其等效于国际标准化组织的质量标准 ISO9000，从此成为中国各产业界人士所熟知的质量体系。

ISO9000 由国际标准化组织在 1985 年所编制。国际标准化组织并不

---

① 春夏：《秦池"标王"沉浮录》，《侨园》总第 121 期，第 58 页。

是最早推出质量标准的机构，更早期的标准来自于英国标准协会，它是英国引领工业化革命的最后一块没有退化的基石。ISO9000 的前身是由英国标准协会于 1979 年在时任英国首相的要求下开发的英国质量标准 BS5750。

英国标准协会是英国工业帝国一缕悠长的余光，投射至今。它的前身是英国工程标准委员会，作为世界上第一所全国性的标准化机构，致力于推动规模化生产高质量钢材。在它的指导下，英国的结构钢生产规格从 175 种减少至 113 种，电车轨道规格的数量从 75 个减少到 5 个。多样化规格，无疑会成为质量的杀手。而收缩规格，有着显著的经济效益。由英国标准委员会名称中的 B 和 S 两个字母所构成的风筝形象，在 1903 年曾经作为电车轨道的英国标准标志出现。这个"风筝"标志，逐渐成为英国人信赖的形象。这也悄然开启了第三方认证的标准，质量从而脱离了制造商的自我吹嘘。

作为一个相当活跃的国际标准服务提供商，英国标准协会在商业性的开拓方面独具匠心。该协会保持稳健的收入，一直位于全球十大检测认证机构的前列。当英国的国际地位日渐下降的时候，它仍然是少有的不曾退化甚至勇往无前的工业化组织。尽管英国制造已经大为逊色，但英国标准协会依然活跃在全世界的标准舞台上。它是一块工业活化石，见证了完整的工业革命变迁。

有了英国标准作为基础，1987 年，国际化的质量标准 ISO9000 正式颁布。它给出了质量体系认证的全球性语言，指向全球化的舞台。从 20 世纪 90 年代开始的质量全球化巨浪，无疑给了它跑赢所有其他标准的机会。中国很快就跟进，并对它进行了翻译。到了 1993 年，中国决定等效采用，从而形成了中国的质量标准与体系。全球化，已经从标准开始，铺设了质量对接的"虚拟轨道"。

为了进一步推动质量管理的体系化，福特汽车公司在20世纪80年代初首次引入了质量管理体系Q‑101。不仅在福特公司的内部使用，对其供应商也要求使用这种标准。其中一个显著的变化是增加了顾客审核，质量管理的概念已经开始区分"顾客之声"和基于各种分析的"过程之声"①。福特公司让车间人员实行自我检查，而不是像以往那样坐等独立的质量控制部门进行抽检。这意味着，尽管抽检依然存在，但公司已经不再需要单独的质量控制部门了。质量控制部门正在变得过时，质量保证和质量管理则成为新的热门名词。质量控制部门往往被合并到质量管理部门，曾经使用的那些工具和方法则被有机地整合在一套完整的质量管理体系之中。单独的工具或方法已经不再是主角，新的质量固化手段已经形成。汽车制造业再次引领了质量发展的潮流。

1994年，福特、通用和克莱斯勒这三大汽车公司在美国发布了联合质量管理体系，也就是QS‑9000质量体系标准。它可以看成是福特Q‑101质量管理体系的后续。它集成了当时非常成熟的一些工具，比如统计过程控制、失效模式和效果分析（Failure Mode and Effect Analysis，FMEA）、试验设计、产品质量先期策划（Advanced Product Quality Planning，APQP）等，是美国汽车巨头联合起来的巅峰之作。

---

① 中国质量协会编：《中国制造业企业质量管理蓝皮书（2018版）》，人民出版社，2019年，第127页。

第八节　软件的战场

大规模生产的汽车工业走上正轨，意味着实物的质量体系似乎已经变得完美可控。而软件行业，也正在从失控走向有序。美国专门从事跟踪 IT 项目成功或失败的咨询机构斯坦迪什集团曾经调查了 5 万个软件开发项目，发现 45% 的软件功能居然根本没有被使用过[①]。而这 45% 的软件功能，则代表巨大的缺陷、无效、测试的质量成本。如果需求管理能够做得更好，那么流程的质量管理将大为轻松。也正是基于这一点，软件公司需要仔细地从用户需求出发，而非技术的任性选择。正如华为公司所倡导的，"对技术的崇拜，不能走到宗教的程度，不能走产品技术发展的道路，而是要走客户需求发展的道路"[②]。

对软件的管控与对生产制造的管理有很大的差别，但也有一套质量管理模型。软件能力成熟度集成模型（Capability Maturity Model Integration，CMMI），是 1994 年由美国国防部、美国软件工程协会和卡内基梅隆大学共同开发。它的核心思想就是对软件过程进行管理，从而能够按时开发出高质量的软件。而通过 CMMI 认证就意味着，软件开发非常规范，是

[①] Oualid Ktata, Ghishlain Lévesque, "Agile development: Issues and avenues requiring a substantial enhancement of the business perspective in large projects"（paper presented at the Canadian Conference on Computer Science & Software Engineering, Montréal, Québec, Canada, May 19-21, 2009）.

[②]《任正非那些令人发笑的语录》,《中国机电工业》, 2015 年第 1 期, 第 35 页。

按照合同要求进行模块化开发的。只要按照 CMMI 严格流程规范开发软件，软件品质控制就不会出大问题。它就像登山时悬崖侧的栏杆一样，保护人们都可以降低风险登顶成功。

它的前身是根据美军方 1986 年提出的需求，美国软件工程协会与空军合作开发的一套成熟度模型框架。它提供了一个快速、低成本的方法，对软件编程过程的质量进行评审。

此前，美国空军也曾经陷入到一个深坑。二战后，美国决定引入一个大型半自动地面防空系统（Semi-Automatic Ground Environment，SAGE），以保护美国本土不受敌方远程轰炸机携带核弹的突然侵袭。这是最早的网络战的思路。SAGE 采用了低级语言（汇编语言）进行编写，达到 50 万行代码，使其成为庞大的软件应用程序。它的预期是 100 万行代码[①]，然而 SAGE 系统高昂的费用，让它无法持续太久，并未得到完全实施，到了 20 世纪 60 年代中期该项目就下马了。其中一部分软件一直使用到 1983 年才得以退役。这个庞大的软件系统也改变了美国政府对国防部的预算态度。这是武器的软件开支首次成为美国国家预算中最为重要的支出之一。由于涉及众多人员的编程，质量和进度都难以控制。它巨大的成本和项目周期，都不受节制地被延伸、被追加。SAGE 可以说是美国军方采购史上深深的一个黑洞。这逼迫所有人都要思考，迎接未来的软件工程应该采用何种组织方式，以及采用何种质量控制手段。

---

① 林雪萍：《工业软件简史》，上海社会科学院出版社，2021 年，第 134 页。

它推动了软件组织模式的改变。传统软件的开发方式，是作坊式组织，由工程师高手引领。随着软件开发项目的复杂度逐渐增加，软件作坊模式难以为继，需要有非常成熟的大型工程项目组织方式，例如曼哈顿、阿波罗的工程协作组织，以保证项目的健壮性、可靠性、交付性以及可维护性等。

以 CMMI 为代表的软件工程，变成了软件行业的新灯塔。在这个过程中，软件工程协会提供了领导和体系结构愿景，并充当了管理组织的角色，为能力成熟度模型集成产品套件的开发提供了支持。CMMI 所定义的软件工程、管理和测量过程已经被广泛采用，这种整合为组织提供了许多优势并很快被工业界采用。随后兴起的全球软件外包行业，受到了该方式的强烈刺激。印度南部城市班加罗尔一举成为全球软件外包的中心。所有的软件外包公司都要有这样的认证证书，而全球那些雄心勃勃的软件人员也在接受它的培训。在中国，这也是一门不错的生意。

2012 年，作为向软件社区转让成熟技术的一种惯例，美国软件工程协会将软件成熟度相关的活动，转移到卡耐基梅隆大学的 CMMI 研究所。作为卡耐基创新的一个子公司，它也是一个技术商业化企业。

这是一个令人眼花缭乱的知识迁移过程，它从需求方（军方）提出的项目开始，转移到行业协会进行挖掘，然后落到大学一个研究所进行完善，并最终成为一个商业化的公司，指导各种软件公司，把控软件的质量。

这让人留下了一种深刻的印象，好的创新成果，是如何被创建、完善和平静地商业化的。它从传奇归于平淡，变成人人可及的一套规范。

第九节　日本灯泡和弹簧

在总结日本质量取得了巨大进展的时候，可以回顾一下朱兰在 20 世纪 70 年代主编的《质量控制手册》，其中提到日本质量主要是由制造业企业所主导。其支撑机构首先是日本科学技术联盟，他们发现了戴明和朱兰；其次是日本标准协会和日本管理协会；然后才是成立于 1971 年以学术研究为主的日本质量控制学会。[①] 20 世纪 70 年代初，日本质量已成气候，日本质量是由外部启蒙、企业家热情、标准、管理这四味药方共同调配而成。而日本质量控制协会，不过是日本质量的一个马后炮而已。这让人们意识到，质量是关于现场的一种艺术，而非来自课堂和学术的推论。质量，好似天生带着机器的金属味道。

在研究美国鲍德里奇国家质量奖评价标准的基础上，1995 年由日本生产力中心设立了日本经营质量奖。其评价的目标不是单一的企业产品质量，而是评价企业整体的绩效。评价的总体准则是客户满意度。[②] 彼时，日本开始注意到了国际化标准的好处。日本曾经是拒绝推行 ISO 的标准的。比如石川馨认为，日本的质量管理标准胜过 ISO9000。日本工业

---

① J. M. 朱兰主编，小弗兰克·M. 格兰纳、小 R. S. 实伦姆副主编，《质量控制手册》，上海科学技术文献出版社，《质量控制手册》编译组编，1980 年，第 693 页。
② 韩福荣、于唤洲：《日本经营质量奖评价标准》，《中国质量》，1997 年第 11 期，第 42 页。

企业也有自己的一套标准，让日本以外的企业如欧洲企业很难进入日本市场。这种现象直到 1989 年石川馨去世后才有所改变。石川馨的弟子久米均，认为日本需要与国际接轨，他引导日本加入 ISO9000。[①]

日本工业界人士后来也逐渐认识到，如果一味坚持本国的标准，那么日本产品要想进入欧洲市场也同样会受到影响。于是日本开始改变路数，积极在全球标准组织进行游说，为日本产品的标准，争取更大的共鸣。日本有一个灯泡标准提案，在 2000 年得到国际电工标准委员会认可（此前该委员会只认可欧制的灯泡标准），从此，日本灯泡就开始在欧洲销售。仅仅到了 2002 年，创造的经济效益高达 52 亿日元[②]。而当时日本有 5 亿只正在使用的灯泡，这些巨大的灯座存量，背后就是日本一大批生产设备制造商。灯泡能进入欧洲市场，这些设备也跟着搭乘顺风车，成为国际标准产品。这真是一个漂亮的行业保卫战。同样，日本有一种技术创新的 SP 式弹簧，在技术标准被国际标准化组织采纳之后，创造了数以百亿日元的效益。一个成功的国际标准提案，就能保护好一个国家的制造业。一只灯泡而已，一只弹簧而已，这就是"小物大制造"。一个国家的卓越标准战略，可以让最平凡的物品创造巨额的财富。

日本的标准大幅度转向国际化，并在 2007 年前后基本完成了这一转型，逐渐在标准国际化的舞台上，发挥着比肩德国的作用。用标准让一

① 刘源张：《感恩录：我的质量生涯》，科学出版社，2011 年，第 167 页。
② 日本规格协会编著：《日本国际标准化活动经济效益》，边红彪编译，中国标准出版社，2008 年，第 14 页。

个国家的产品在国际市场上打开通路，这是一个制造强国应该有的样子。

第十节 沉默的欧洲

欧洲工业品的质量享有盛誉，德国制造和瑞士制造是其中的佼佼者。他们既没有大名鼎鼎的质量大师，也没有四海名扬的显著理论，欧洲如何做到这一点？朱兰在《质量控制手册》第三版中分析过这个问题[①]。欧洲的企业中以小型工业企业为主，在国民经济中占有重要的战略地位，拥有较大的政治势力，而且有很多是家族企业，非常在乎产品的质量，可以说是跟家族的名誉联系在一起。换言之，质量意识跟一个家族绑定在了一起。

西欧国家的工业领先地位，体现在产品的专业化。无论是精密计量装置，还是重型工程，以及精细化工产品，西欧国家都独树一帜，注重技术创新。在计量、测试和标准化方面，他们也是领导者。欧洲企业习惯于把权利授予给领班和有着熟练技能的技师，一般不依靠独立的检验部门，更很少设置强有力的集中式质量控制部门。欧洲企业更愿意采用生产经营部门，而不是专业的质量部门来管理质量。这意味着，其他地区的国家往往会采用的质量职能部门被拆散了，质量被融化了，而生产

[①] J. M. 朱兰主编、小弗兰克 M. 格兰纳、小 R. S. 实厄姆副主编：《质量控制手册》，上海科学技术文献出版社，《质量控制手册》编译组编，1980 年，第 694 页。

线上的工程师承担了一切。法国开设了很多可靠性工程的课程，但是没有一个人会自称为"可靠性工程师"，他们仍然被称为电子工程师、机械工程师等。质量工程师，这对他们而言是一个奇怪的头衔。

欧洲专家对统计学的应用非常积极，但他们只是默默地使用。也许是那些来自工艺保密的需要，让欧洲企业更愿意保持缄默。19世纪，当布料印染技术从法国传到德国的时候，掌握不同植物配比染料配方的技师是一个工厂的核心。多彩多姿的染料让社会名流的服饰璀璨艳丽，那正是德国强大的化工行业的源头。但谁也不想说出其中的秘密。

根据朱兰博士的观察，欧洲在统计方法和应用上早已经自给自足。欧洲在这方面的统计学实践，不亚于休哈特在20世纪20、30年代的造诣，但他们也很少去公开发表。这再次验证了，质量理论是一种大喇叭的艺术。能被听见的，似乎才是经典的。1963年英国生产力委员会所摄制的影片《第一次就把它做好》，介绍了如何降低质量成本[1]。就本质而言，各家的理论并没有太大的差异，只是表达的角度和体系化程度各自不同而已。

观察欧洲制造业，会发现许多国家都面临着协调性的问题，质量问题也需要形成国家之间的共识。例如，全球著名飞机制造商之一的空中客车公司，是由法国、德国、西班牙和意大利等国家作为股东而形成，飞机部件很早以前就已经分布在不同的地区制造。其他产品制造类似的

---

[1] J. M. 朱兰主编，小弗兰克 M. 格兰纳、小 R. S. 实厄姆副主编：《质量控制手册》，上海科学技术文献出版社，《质量控制手册》编译组编，1980年，第694页。

也很多，例如有的国家进行设计，有的国家提供零部件，有的国家进行装配，最终产品可以为一切国家所使用。它意味着，不同的语言、文化习惯，以及技术标准和质量水平的差异，都需要有统一的原则。这些操持着不同的语言的制造过程让标准化变得空前重要——欧洲国家显然有着强烈的需求。

高度依赖国际市场的德国，在工业认证体系方面独具特色。依靠在全世界范围内积累的出口和市场准入的经验，德国建立了一整套的"法律-行业标准-质量认证"管理体系，并在各种法律法规的基础上细化为数万条的行业标准，然后由质量认证机构对企业的生产流程、产品规格、成品质量等进行逐一审核。

德国是世界工业标准化的重要发源地之一。全球三分之二的国际机械制造标准来自德国标准化学会，这些标准涵盖了机械、化工、汽车等各种产业，超过 3 万项，是德国制造的基础[①]。据德国 2010 年前后的一份"标准化的经济效益"研究报告显示，德国标准化的投入达到 7.7 亿欧元，产生了 160 亿欧元的效益，约占德国国民生产总值的 1%。标准化对经济增长率相对于资本、人力和自然资源等生产要素的贡献率为 2.7%，是专利对经济贡献率的 9 倍。这一"秘密武器"的经济效益从科学理论层面确认，促使德国产业界、标准研究机构和政府部门更加重视标准的战略制定，特别是形成德国内生的标准参与方之间的聚合效应。

---

① 葛树荣、陈俊飞：《德国制造业文化的内涵》，《冶金企业文化》，2017 年第 3 期，第 60 页。

这也直接催生了从 2000 年初至今，围绕德国工业战略而制定的一系列标准化战略的落地，为保持德国的竞争优势立下了汗马功劳。

德国推行积极的国际标准化战略，采用控制、争夺型策略，积极争夺国际标准化组织的主导权，在国际前沿制定各个领域的国际标准。这些努力使得德国在三大国际标准组织中秘书处的数量在各国中占据绝对优势。除了国际电工委员会中标准化委员会的数量，德国在国际标准化组织、国际电工委员会技术委员会、分技术委员会中的秘书处数量均处于世界第一，尤其是在国际标准化组织分技术委员会中的数量遥遥领先。据统计显示，从承担的国际标准化组织 ISO/TC/SC 秘书处和资助额计算，德国标准化协会的贡献率高达 19%，超过美国国家标准学会位列世界第一，而美国国家标准学会的贡献率为 15%。从 2015 年德国电气电子和信息技术委员会年报中的有关数据可以看出，德国主导制定的 397 项电工标准占当年国际电工委员会标准的 40%，其标准化始终与"国际化"伴随推进。

标准，是对质量成熟度的一种度量。质量组织与标准机构，密不可分。欧洲质量控制协会，早在 1957 年就已经成立。其创建的第一个与工业有关联的部门就是面向汽车行业，这具有深远意义的举措影响至今。全球汽车行业至今都在使用的质量体系 IATF16949，就是由德、法、意汽车行业协会所设立的国际汽车推动小组建立的。而德国汽车工业联合会在 1991 年制定颁布的汽车 VDA6.1 质量体系，成为整个德国汽车制造业坚实的屏障。以德国为基础的汽车质量体系，成功地与全球标准组织 ISO 达成一致，成为 IATF16949 的标准，全球汽车供应链上的企业都向此看

齐。尽管各个汽车强国的行业协会都在抢占国际标准的话语权，但只有
IATF 笑到了最后。IATF 从一开始就集中了欧洲各国的质量体系标准[①]，
这与欧洲质量控制协会很早就启动的质量标准工作密不可分。

盛产哲学家、思想家和文学家的德国，作为全球最强大的制造国家
之一，没有产生全球性的质量理论，也许会令人费解。多年来，德国质
量的神话也不少，但其实都是虚化的"德国制造"品质或者隐形冠军，
而少见关于德国质量的系统性理念。

这正是德国质量的独特性。"德国制造"的声誉，不在于对质量理论
体系的提炼，而在于它构建了一套完整的质量基础设施，包含了计量、
标准和认证体系。通过事无巨细的标准、蓬勃发展的独立第三方合格评
定机构，使得德国制造有着高度的自治规范。来自德国之外的质量理论，
如全面质量管理、精益生产、六西格玛等，也都在德国企业兼收并蓄，
积极推行。而它训练有素的产业工人，再加上德国工业设计的强大传统，
合力助推德国制造走向金牌奖台。

第十一节　中国的热点

进入 20 世纪 90 年代，质量在中国迅速成为热点话题，引发了社

[①] 龚敏、郑嵩祥等编著：《IATF16949 汽车行业质量管理体系解读和实施》，机械工业出版社，2021
年，第 7 页。

会的关注，部分原因是得益于媒体的传播。

1991 年，中央电视台在"3·15 国际消费者权益日"这一天，以现场直播的方式，联合其他媒体共同举办了"消费者之友专题晚会"，它后来成为中央电视台的经典节目。它在举办以政府官员的积极参与、报道事件的亲民性与爆炸性，以及点名企业迅速整治的特点，引发了社会的大量关注。

1992 年，该晚会由首都新闻界主要新闻单位联合主办，为了宣传报道质量问题，新闻记者发起了实地调研、宣传质量的万里之行的活动。大量质量舆论开始在报纸、电视、广播同时散发，消费者反应非常强烈。这被认为是推进质量工作的好方法。超过预期的反响，让这个晚会后来变成持续多年的活动。

在当年 4 月份召开的全国质量工作会议上，"质量否决权"也被提出来，那就是"厂长不重视质量不能当厂长，市长不重视质量不能当市长，经贸主任不重视质量不能当经贸主任"[①]。三个不能当，表达了当时对于一把手管理质量的时代呼声。

全国第一次质量认证工作会议于 1992 年 7 月在北京召开。时任国家技术监督局局长在会议报告中指出，产品质量认证制度是商品经济发展的产物，随着商品经济规模的扩大和日益国际化，为提高产品信誉度，减少重复检验，减少和消除技术贸易壁垒，维护生产者、经销者、用户

---

① 郭彬：《创造价值的质量管理：质量管理领导力》，机械工业出版社，2018 年，第 184 页。

和消费者的权益，产生了第三方认证。这种认证不受产销双方经济利益的支配，以公证、科学的工作逐步树立权威和信誉，已成为世界各国对产品和企业进行质量评价和监督的通行做法。一年前，中国发布了《中华人民共和国产品质量认证管理条例》，表明我国的质量认证工作走向了法制化的管理轨道，技术监督局也发布了若干配套文件。《条例》和配套法规，在实践中日臻完善，为开展认证工作提供了依据。①

　　1992 年 9 月，"迎接 21 世纪挑战：中国质量战略"高层研讨会召开，时任国务院副总理以及多位部长参会，可谓盛况空前。会上有 26 位省市及国务院领导部门的高层领导、知名学者和优秀企业家做了重点发言。与会人员一致认为解决中国的质量问题已经迫在眉睫，中国每年因质量问题就有 2 000 亿元损失，广大人民群众因商品质量问题所付出的代价就更大了。提高全民的质量意识，走质量效益之路，是我国经济发展的根本之路。时任中国工业经济协会会长建议要以质量立国，把质量第一作为一项基本国策。②

　　政府对质量，不可谓不重视，真是良苦用心。作为对国家机械工业振兴的部署，机械工业部在 1995 年发起了三大"战役"，分别是"产品质量翻身战役""组织结构优化""开发能力提高"③。

　　各行各业的企业家们也开始行动起来。1995 年，由于外部采购的电

---

① 赵宗勃：《全国质量认证工作会议在京召开》，《化工标准化与质量监督》，1992 年第 9 期，第 21 页。
② 刘加星：《"迎接 21 世纪挑战——中国质量战略高层研讨会"在京召开》，《经济工作通讯》，1992 年 18 期，第 33 页。
③ 李健、黄开亮主编：《中国机械工业技术发展史》，机械工业出版社，2001 年，第 74 页。

容不合格导致空调死机的事件，让格力电器感悟到要视质量为企业的生命。外协外购件的质量管理是企业的一大难题。格力电器专门成立了筛选分厂，对正式购进的零部件等货物进行检测[①]，避免水平参差不齐的上游供应商带来的劣品传递和质量振荡。源自对质量的自信，格力电器提出来"八年不跟消费者见面"的目标，真是个性鲜明的质量围猎者。

1996年12月，国务院颁布《质量振兴纲要（1996年—2010年）》，主要目标是：经过5至15年的努力，从根本上提高主要产业的整体素质和企业的质量管理水平，使产品质量、工程质量和服务质量跃上一个新台阶。如果说三年前颁布的《中华人民共和国产品质量法》给了质量行为以法律约束和规范。那么《质量振兴纲要》则把质量上升到了振兴我国经济和提高国际竞争力的新层次[②]。

朱兰在《质量控制手册》中曾经表述过，在次品上发生的成本等于一座金矿，可以进行有利的开采[③]。不良质量成本是六西格玛的质量管理中常用到的术语。它既有显性空间的返工、保修、退货等费用，更有大量人员额外时间、纠正错误、信誉损失等隐性成本。这些成本并不会直接显示在财务报表中，但却在暗中侵蚀着公司的利润。

全球国际化即将走向成熟阶段之际，质量与利润的关系、不良质量具有侵蚀企业活力的隐蔽特性，这些正在被企业家深刻地察觉。

---

① 《格力的高品质空调"秘决"》，《质量指南》，2002年第8期，第45页。
② 唐虹：《走上质量兴国的轨道》，《城市技术监督》，1997年第1期，第13页。
③ 张根宝主编：《现代质量工程》，机械工业出版社，2021年，第216页。

企业家们的质量意识逐渐被唤醒，陆续走上质量的舞台。1998 年的 9 月，潍坊柴油机厂在废品库上召开了一次千人大会。众目睽睽之下，300 台柴油发动机的废次品毛坯被当场砸毁。这是三个月前刚就任的厂领导以戏剧性方式，为"质量是企业的生命"所做的推广。彼时，潍坊柴油机厂正处于质量病魔的伤痛之时。该企业在 1998 年 1 月至 7 月的销售收入约为 5 600 万元，但仅废品损失就达到了 750 万。生产线上的废品率则高达 26%①。对于这样的危局，新上任领导人有着一个坚定的信念：只有质量，才能解决企业的生死问题。这次大会成为了一个千人质量大会，该企业"质量兴厂"的序幕也就此拉开。这并非是因为质量理论的熏陶，而是一种朴素的质量意识，企业家的本能让他们自觉地向市场靠拢，向质量寻求打破困局的方法。

然而，要唤醒一般人的质量意识，有时候注定会导致一场剧烈的冲突。农耕思维再次展现了它顽固的隐性存在，而质量则成为显影剂。这些冲突并没有体现在肢体的扭打，而往往呈现出一种恐慌、抱怨和消极的对抗。在落实质量的过程中，一些简单粗暴的条例陆续出台。"罚"字当头，在当时能形成震撼和服从的效果。在当时的企业高管中，有很多人就因为质量问题而被降级处理。如今潍柴集团闻名的人才上下流动的机制，也是在那个质量启蒙的时候开始形成的。正是这些砸碎的钢铁堆上的现场，日后站起了一个柴油发动机的巨人。

---

① 谭旭光：《质量成就梦想》，中国质检出版社，2018 年，第 10 页。

这个时期，富士康也在下大力气抓质量。1998 年前后，富士康的总裁几乎每个月都要大动干戈地讲质量抓质量，"走向成功的不归路""傻瓜、精密和智慧""不流血的革命"等大量质量主题的演讲，被反复灌输给全体员工。有的事业群高管由于质量问题没有解决就不能参加高管会议，有的则直接在会议上被罚站 45 分钟。当时富士康的内部刊物《鸿桥》，几乎一半的文章都与质量有关。在其昆山工厂的干部曾经接过蓝旗，蓝旗上写着"质量很重要"。但这不是代表优胜的旗帜，相反，这面旗帜非常沉重。作为红旗的反面，蓝旗在现场几千名员工的众目睽睽之下，传递因为质量问题而引起的集体耻辱。这种群众参与的情绪激发，形成的震撼是难以言述的。这些奇特的场景剧，默默地熏陶着员工的质量意识。

与质量对抗的不是工具与技术，而是人的意识和习惯。企业家承担了培养员工产生高度质量意识的任务。质量，在无意之中成为了工业思维的第一入口。砸烂质量废品，具有爆炸性的冲击力，是最容易让人动情的现场示范。流传更广的版本还有来自 1985 年，海尔公司的领导当众砸烂 76 台次品冰箱。这些一砸冲冠的事件，也成为海尔公司早期品牌故事的重要支撑要素。主动砸碎一件物品，往往有着告别往事的含义。人们多么希望，砸碎旧的理念，能像砸碎一台冰箱或一台发动机那样容易。

一砸再砸，在当时屡见不鲜。这些反复出现的企业家的非同寻常行为，涉及从家电、电子品到装备制造。质量意识对于中国制造而言，是一座厚近千尺的冰山，不会轻易融化。大量企业家不得不前赴后继地走上对员工进行质量教育的道路。质量文化不会轻易扎根，它需要有一股清泉长期滋润：首先是管理层的醍醐灌顶，其次是产业工人的意识灌注。仅凭自发自动，是远远不够的。美国管理专家汤姆·彼得斯（Tom Peters）在 1987 年出版的《乱中求胜：管理变革手册》一书中为质量呐喊："压倒一切的质量问题""长期被忽视的事实就是，质量就等于利润"[①]。他总结道，世界级的质量最重要的一个特征就是管理者着迷于质量，而质量革命也将是一场长期关注琐碎细节的战争。

彼得斯的处方很简单，那就是发动一场质量革命。

1998 年，在部委机构精简中，机械工业部被解散。此前受到阿尔文·托夫勒（Alvin Toffler）《第三次浪潮》的冲击以及"机械夕阳论"的影响，机械制造的根基动摇，机械行业被过早地唱衰。一时间没有谁能够带头开展质量革命。企业家零零星星的质量意识，替代了顶层设计的协同作战。这些零星的"炮火"在局部看显然要有效率得多，但无法促进整个社会对质量的共识。

三年后中国成功加入世界贸易组织，拥抱全球化的市场竞争。蜂拥而入的订单，是企业面临的更迫切挑战。在产能释放、制造大洪流之下，质量理论研究似乎变得并不那么重要了。很多企业都是进行来料加工，只需要按照图纸尺寸进行加工就能够基本完成合同的要求。

声势浩大的质量攻坚战，在 1998 年随着机械工业部的撤销而不知去向，戛然而止。质量，好像是一条河流突然改道，以两股支流进入了中

---

① 郭彬：《创造价值的质量管理：质量管理领导力》，机械工业出版社，2018 年，第 425 页。

国制造的土壤：其中的一股支流是以检验为基础的市场监督，它以事后奖罚的宏观治理为基础，每年的"3·15 国际消费者权益日"和"质量万里行"成为国人印象深刻的质量普及；另一股支流，则涌向了广阔的工厂，至于能吸收多少那就是企业自己的事情了。

质量问题依然挥之不去，萦绕在耳边。"当前我们面临经济调整的关键时期，质量工作是主攻方向。没有质量就没有效益，放任假冒伪劣，国家就没有希望。"① 这是时任国务院总理在 1999 年第二次全国质量工作会议上的讲话。这是世纪之交的一次暴风疾雨般的呼声。

---

① 张俊林：《凝重的嘱托——写在全国质量工作会议胜利闭幕之后》，《中国质量技术监督》，1999 年第 11 期，第 1 页。

第六章

掀起超级工厂浪潮（2000—2014年）

要挑起追求质量的欲望，并好好加以利用，组织本身的结构必须经过精心设计。

——美国社会学家和思想家理查德·桑内特
（Richard Sennett）

第一节 中国制造担当主角

中国在 2001 年加入世贸组织，是全球制造史上的一个重要节点。在已经启动的全球化浪潮中，中国制造提供可靠的工厂、有组织有纪律的劳动大军、庞大的市场，还有全力以赴抓经济的地方政府官员。全球消费需求仍然处于膨胀状态，中国制造恰逢其时，仿佛一个世界级的发动机点火运行。这是全球版图下的重新拼图，从华盛顿到柏林，或者东京、首尔，资本的贪婪、企业家的渴望、政治家的梦想都被激活。美国作家托马斯·L.弗里德曼（Thomas L. Friedman）在 2005 年出版《世界是平的：21 世纪简史》一书，描述了全球化发展的十大动力，包括开放源代码、外包、离岸生产、供应链和搜索技术等，成为"拉平世界的无情铁铲"。

2001 年 12 月，中国对外发布了强制性产品认证制度：3C（China Compulsory Certification）认证。从次年 5 月开始，国家认证认可监督管理委员会开始受理第一批列入强制性产品目录的一百多种产品的认证申请。青岛的海尔公司获得了全国首张 3C 证书。3C 标志开始以显眼的形象，为消费者提供质量的信用。这不禁令人联想到，英国标准协会代表认定合格的"风筝"标志，在 1903 年出现在英国电车上的做法。百年之后，这种做法依然有效。

第三方认证机构提供信用保障的做法历史悠久。最早的认证，来自英国伦敦泰晤士河畔一家咖啡馆的船舶信息收录，它为保险业提供了船只风险的可靠性衡量。在 1760 年，世界上最早的第三方认证机构英国劳氏船级社成立，该公司名称是为了纪念这家咖啡馆的创始人爱德华·劳埃德（Edward Lloyd）先生。至今，它仍然是国际公认的船舶界权威认证机构。从最初咖啡馆的信息交换开始，突破了偏见和隐瞒的第三方信息，被证明可以拥有巨大的能量。英国船舶总吨位的 90% 以上和世界船舶总吨位的三分之一以上，都是在劳氏船级社入级的。认证一开始是保险业的附属品，但它随后独立门户，成为经济活动中独具特色的一个环节。

中国制造的质量，已经为融入全球化而量身打造。中国制造开始高速发动起来，它在全球的制造业增加值一路飙升。中国在 2004 年超过德国、2006 年超过日本之后，终于在 2009 年超过美国而成为世界第一制造业大国，确立了全球工厂的领先位置。加入世界贸易组织之前很多担忧的问题并没有出现，比如汽车制造业等不但没有被冲垮，反而高速发展起来。同样在 2009 年，中国汽车的产销量也历史性地成为全球第一。作为工业领域极具代表性的行业，汽车一向是工业化程度的风向标，而质量是它的底盘。

作为全球工厂，中国制造成为全球贸易财富能够快速旋转的枢纽。它迎合了全球化需要，获得了企业家广泛的掌声，赢回了各国政治家默认的赞同。同时，全球跨国集团都因这样的分工而挣得盆满钵满。

这种专业化分工、分层次受益的默契，一直持续到 2014 年。之后，工业领域将再起新的波澜，时局走向将大不同。

这期间对质量理论的贡献，中国似乎保持了沉默。全球对中国制造的标签往往都是"物美价廉"，或者"劳动者红利"等。人们应该意识到中国制造还有更多的魅力和故事，应该还有更多的动听声音。中国制造增加值占全球的比例将近三分之一，在全球市场稳稳扎下根基，而与这种强大制造能力相匹配的质量理论，还未能建立。拥有大量工厂"现场"的独特贡献，还有待于挖掘。中国工厂的"现场"，一定有很多好的实践，缺乏的是好的"工厂编导"。那些能够讲好质量故事的人，本身也是质量魅力的一环。

第二节　更有力的质量十字扳手

在跨入新的 21 世纪之时，质量的殿堂早已经修缮一新。六西格玛热潮还在继续，但它还留有一点缺陷——如果只关注制造端，往往只能达到五西格玛的水平。这被形象地称为"五西格玛墙"，单靠制造的肩膀，是撞不开的。既然如此，就需要在源头也就是设计的时候，开始导入六西格玛。通用电气总裁韦尔奇讲过类似的话，五西格玛是引进了修理工，而六西格玛设计则是引进了工程师。有了六西格玛设计，原来的六西格玛就可以对应称之为"六西格玛改善"，而设计先于改善。

如果说 1999 年底的"千年虫"（一种计算机程序故障）在人们如临大敌的注视之下，被证明了是一场波澜不惊的未遂危机，那么在上一个世纪被完善的质量理论，也顺利跨越千禧之年，一如既往地好用和够用。这个时候，人们有时间来回顾质量的马车，有两个轮子一直稳稳当当：第一个是人们熟悉的包括数理统计等工具在内的质量工程，它更多的是技术语言；而另外一只轮子是质量管理，也同样渐入佳境，作为管理而言，自然也有艺术的成分。

质量管理更多地被看成是一种"管理质量"，从而纳入到管理科学之中。"管理"的特色，自然是和人打交道，而不像工程学那样更多涉及的是技术、机器、工艺流程等。质量管理的基础是科学管理，而"科学管理之父"泰勒的相关工作奠定了质量管理的基础。泰勒提出的科学管理四项基本原则，已经衍生出方法工程、人因工程、时间动作分析、计划调度和产业关系等学科，为现代工业工程学科奠定了基础。工业工程管理，则可以说是源自泰勒的时间动作分析。

不同时代的质量观念也是不一样的，但历史的缰绳往往很轻松地套在现代人的脖子上。阿尔弗雷德·P. 斯隆（Alfred P. Sloan）是美国汽车工业辉煌时期的一位企业家和科学管理探索者。从 1921 年开始，他担任通用汽车公司的总裁及首席执行官长达 33 年。管理通用汽车公司是历史的新挑战，那时还没有一个公司像通用汽车那样有庞大和多样化的品牌，这是企业全球化的一个早年画像。他创立了很多相关的管理办法，其中非常著名的就是采用事业部的组织形式进行管理。而大集团的会计制，目前仍然还在沿用。按照当时的会计制，即使车没有被卖出去，库存也是现金。毕竟当时是卖方市场，奇货可居。

这种把库存当作等值现金，以及把工人当作制造消耗成本等，对全球制造业产生了深远的影响，至今仍然可以在很多工厂中看到这种影子。在江西省新干县的箱包之都，到处都是三角债。这个从南昌向南不到100公里的小县城，通过返乡企业家的努力，形成了一家又一家的拉杆箱工厂。但不同于那条穿城而过、一心向南的赣江之流，很多企业的资金流动非常缓慢。这对于私营小企业来说，是非常不寻常的。如果人们去这里的工业园区走一圈，就会发现几乎每家小工厂有一半的厂房都是仓库。一楼和二楼是厂房，但三楼则排放着密密麻麻的拉杆箱，充斥着皮革的味道。这些堆积如山的箱包，不仅积压了难以流动的资金，而且当出现质量问题要进行回溯几乎是不可能的。斯隆近百年前的理论缰绳，并没有被抛弃，它就在江西南昌的赣江之畔的工厂里。

质量管理的意识，往往潜伏在企业高管的脑海里。而质量工程，则成为质量部的显性工具。二者往往不能被同步在企业上下形成共识，这是一个小小的悲剧。

质量管理与质量工程，其实就像DNA双螺旋相互缠绕在一起。在工业化的过程中，质量的理论和工具也在不断发生变化，企业家的质量思维也需要与时俱进。如果不熟悉质量的历史，不注重质量体系的形成，制造的质量要求就可能是叶公好龙。而质量工程与质量思维交织在一起，则可以推动制造业的质量水平。质量推进，一定要从工程和管理两个角度同时发力。质量工程就好像是中文大写的"一"字，质量管理好像是阿拉伯语的"1"字，二者合力形成一个十字扳手，就可以成为有力量的质量扭矩。一个国家的制造业要崛起，离不开这样的一个质量十字扳手。六西格玛能够成为被广泛普及的质量策略，也是这个质量十字扳手的经典代表之作：既有电子工程师天才般的工具设想，也有企业家热情洋溢的质量管理理念。任何一种偏颇，都会使质量的推进显得苍白而无力。

第三节　国家质量奖

质量管理与质量工程组成的十字扳手转动起来的风声，只要倾听，就能听到。有意思的是，行业学会往往比产业界的耳朵更加灵敏。

日本戴明奖早在 1951 年就开始设立——那是戴明到达日本的第二年。戴明奖是由企业自提提案，并非要符合戴明委员会提出的质量管理模式，[①] 因此它是开放、自由的。

戴明奖是一项历史悠久的名誉，而非全面质量管理的准则。自 2000 年到 2021 年，总部设在印度的组织获得了最多的戴明奖，达到了 32 家，泰国有 12 家，中国企业则只有零星几次获奖。而日本企业也只有 22 家，70 年前日本企业争先恐后追踪奖项的盛大场面，如今已经成为褪色的往事。戴明奖是由日本科学技术联盟所举办的，很多人都以为它是一个国家奖。其实不然，戴明奖从来没有政府官员参加[②]。1980 年，全国第三次"质量月"广播电视大会在北京人民大会堂召开，会上中国国家领导人向荣获 1980 年国家优质产品奖的 293 项优质产品的 265 个生产企业分别颁

---

① 韩福荣：《现代质量管理学》，机械工业出版社，2021 年，第 337 页。
② 刘源张：《感恩录：我的质量生涯》，科学出版社，2011 年，第 256 页。

发了优质产品证书和金、银奖牌。以日本科学技术联盟理事长为团长的日本质量管理访华代表团一行 9 人参加大会。众多中国政府官员纷纷到场，让日本质量界同行深受触动。1991 年，国务院生产办公室下发了《关于暂停对企业的评优升级活动和清理整顿各种对企业检查评比的通知》，中国的国家质量奖在这一年也被取消。

被取消的国家质量奖，并没有被忘却。十年后的 2001 年，由中国质量协会发起了由政府授权设立的"全国质量管理奖"。这是为了贯彻落实《中华人民共和国产品质量法》而推行。两年之后，中国质量协会对评审标准进行了修订，同时增设了"卓越项目奖"。这也是美国波多里奇国家质量奖的基本框架，其评审依据是"卓越绩效准则"，旨在增强美国经济的竞争力和绩效。世界上许多国家和地区的质量奖都引用或参考了该标准，包括欧洲质量奖和日本的国家质量奖。

国家标准也紧锣密鼓地跟进。2004 年中国发布了《卓越绩效评价准则》国家标准（GB/T19580）。大约在十年前国家公布的 GB/T 19000 标准（等效于 ISO9000 标准）可谓是质量的基础，而《卓越绩效评价准则》则是在 ISO 的基础上了一个台阶①，对组织有了全新的要求，并且有着更加清晰的量化准则。这两个标准都是大质量的标准：一个是保证产品质量的体系，另一个是保证企业追求卓越。

质量与组织能力，无法分割。

---

① 刘源张：《感恩录：我的质量生涯》，科学出版社，2011 年，第 255 页。

卓越绩效的标准，是对企业领导力的反复确认、对组织的千叮万嘱、对经营结果的求全责备。尽管 ISO9000 系列第一条也是"领导第一"，但没有具体要求。而在卓越绩效标准中，则明显以经营为导向，并且增加了组织治理。这是一个为领导力而专门设置的标准。

中国质量协会在 2006 年将该奖项去掉了"管理"二字，更名为"全国质量奖"。这也让人们意识到，凡是与质量挂钩的话题，定语使用得越多，越容易受局限。

2013 年，国家质量监督检验检疫总局（现为国家市场监督管理总局）开始举办"中国质量奖"的评选，以表彰包括质量管理模式在内的创新。但是，它并没有使用国际通用的卓越绩效评价模式[①]。这两个国家级质量奖，一个是半官方组织的，另一个是官方组织的。虽然渠道不同，但都是针对同一个市场、同一拨企业。这让企业面对选择的时候，也难免困惑。中国质量理论的发展，需要更多的学者深入工厂才能挖掘出亮点。而质量奖的效果则需要更长的时间去观察。

第四节　退化清零的本性

质量很难维持长期的热度。它的每次出现，往往并非因为"优"，而

---

① 韩福荣：《现代质量管理学》，机械工业出版社，2021 年，第 340 页。

是因为"劣"。这是一个负面刺激的典型现象，就像不断啼哭的婴孩，它只能通过反面刺激来寻求对自己的关注。

很显然，质量具有退化的惯性，就像水从高往低处流一样。质量的自我维持能力不强，就像螺丝帽拧紧一段时间后也会松动。如果它得到关注，每天都会有机地成长；如果不被关注，它就放任自己的本性不断地退化。质量不会自动与时俱进。昔日的国家经济委员会主任、人大校长，也是中国质量组织的奠基人之一的袁宝华先生在1978年的"工业学大庆"工作会议上提到，1977年天津产的大前门香烟，连划三支火柴都点不燃，被称为"不是吸烟，而是吸火柴"；而上海产的大前门香烟，质量也下降了一个等级①。质量退化甚至是清零。此时，"大前门"已经是共用品牌，很多烟草厂可以使用。因此很多烟草厂并不注重产品质量控制。这一年，天津第一机床总厂出口的插齿机，英国进口商避开采购，而点名要求前者在1959年生产的产品。很显然，质量会倒退、会清零，一个企业的质量水平，如果不加注意，就会像被抛弃的花园一样，长出茂密的野草。

质量退化有两种。一种是人为的，也就是所谓的偷工减料，这是一种恶劣的行为，会让企业多年积累的质量声誉毁于一旦。严厉的道德训诫和法律惩罚，会让它收敛很多。但另外一种，就要隐蔽得多，那就是无意识的质量退化。组织的扩张、制造系统的膨胀、人员的更替等，都

---

① 袁宝华：《袁宝华论质量与管理》，人民出版社，2017年，第14页。

可能降低质量的水平，让它逆向后退。质量水平，无法自动地提升；恰好相反，它会自动下降。企业之所以需要开展"持续改善"质量的行动，就是要与这种退化做长期的斗争。高层管理人员需要像拧发条一样，日日不停歇，同时高管也要被上紧发条。或许，这正是质量让人泄气的地方。质量的提升，既无法靠运动一蹴而就，也不能靠制度一劳永逸。

1995 年日本经济团体联合会提出"新日本式经营"，这是应对外派人员的一种政策。日本二战后出现的第一次婴儿潮人口、号称"团块世代"中的熟练技术人员已经大量退休。老龄化日益严重，开始动摇日本制造的根基。因此以派遣工为主的非正式员工的数量迅速增加，已经接近全部就业者的 40%。这种外派人员的做法，动摇了日本终身雇佣制度，也破坏了日本质量根深蒂固的改善基础。外派员工对于产品质量体系持续改善的兴趣，自然大大降低。这些因素，都会引起质量的退化。质量的优势不容易保持，也难以被直接遗传到下一代。它更像是人的技能的一部分，存在人们的脑海之中，而不是锁定在企业的规章制度里。日本高田安全气囊、神户制钢所以及三菱电机空调的质量数据作假，都是质量被暗自侵蚀、缓慢退化的一种表现。这是非常令人惊讶的日本质量的退化现象。

质量的秉性，仍然有许多不可琢磨之处。

第五节　证书的烦恼

人们最熟悉的质量体系，莫过于 ISO9000 系列。这是全球化的一个必然结果，它拥有跨国的语言。对于很多企业来说，ISO9000 证书就意味着全球质量的保障，甚至国际标准化组织也经常被误认为只是一个制订质量标准的机构。

国际标准化组织构建了一个简单的三角信任体系：企业将质量过程文档化，外部第三方机构来检查企业是否真的言行一致，而用户则以此作为一种质量的保障。这种非常简单的质量认证体系，展示了它是全球质量通行证的"金三角"。国际标准化组织的标准很多，认证证书种类很多，但其中最成功的要数 ISO9000。它一度被神化，被誉为走向国际市场的通行证。然而，ISO9001 只是确定了质量管理体系的最低要求，卓越的企业并不会停留于这个标准。良好，但并不一定优秀。

ISO 标准的缺陷，也是天然的[1]。实际上它最初的版本和 1994 年的标准，都引起了很大的争论。这个标准，只是要求组织有一个文件化、可验证的过程，以确保一致性。很容易找出其漏洞，有人质疑，如果一家公司如果只生产劣质产品，也符合 ISO 标准的要求，因为它只要能够保持良好的一致性就可以。这也使得很多公司并不采用该标准来推行改进活动，欧盟也曾要求降低对 ISO9000 认证的重视。作为回应，国际标准化组织近年来也对这些标准重新进行了修订[2]。

ISO9000 最初只是一种建议性的方法，用于双方的合同场合，例如在

---

[1] 詹姆斯·埃文斯，威廉·林赛：《质量管理与卓越绩效》，中国质量协会编译，中国人民大学出版社，2016 年，第 73 页。

[2] 在 2008 版的 ISO9000 族质量体系中，ISO9000 是基础知识和术语，ISO9001 是质量管理体系要求，ISO9004 提供业绩改进指南，ISO19011 提供质量和环境管理体系审核指南。

制造商与供应商之间用于内部审核。但是随着国际贸易的发展，它很快演变成通过第三方审核，确保信用体系的一种方法。认证就是这样一个过程。它起源于英国，并非是用来审核供应商的符合性，而只是说明一家机构的质量管理已经过关，从而为其背书和证明。这种转化，为认证公司带来了丰厚的收益。

制造业是采纳 ISO9000 最多的行业，但是这种标准意图契合更多类型的企业，例如化工、银行、运输等领域。标准的适用范围已经超越了制造业的边界。

据中国国家认证认可监督管理委员会统计，到 2013 年，中国 ISO9001 认证证书已超过 31 万张，占全球总数近 30％，数量居世界第一[①]。但是它的收费模式，以及容易走过场的形式主义，却被诟病。

ISO9001 的认证形式，呈现了文档提交和业务过程的分离状态，这使得企业容易将证书高挂在展厅之上，但实际业务流程则另起炉灶。做一套、说一套，业务与认证"两层皮"，导致对质量管理的促进作用仍然难以落到实处。

日本企业对于这套体系的态度显得冷淡，他们早已经过了"全面质量控制"的洗礼。ISO9000 就像是一个及格分数线，日本制造整体的质量体系已经在向优秀迈进，自然会对其不以为然。直到日本企业后来发现，要融入全球化就必须要有国际化标准，才开始进行了适度推广。"全面

---

① 《我国 ISO 9001 认证证书超 31 万张数量居世界第一》，《铁道技术监督》，2013 年第 12 期，第 43 页。

质量控制"可以提高管理水平，但这种方法的继承性较差，当事人一离开，质量管理就可能会退化，而与继承性较好的 ISO9000 相互补充，可以维持管理活动的水平。[①]

在企业申请 ISO9001 证书的同时，质量更加深入企业内部，成功地推动了质量体系的普及。国际标准化组织在其他领域也有很多不同的证书，例如 ISO14000 环境质量管理体系认证、ISO13485 医疗器械质量管理体系认证、FSC 森林体系认证等。

需要注意的是，ISO9000 质量管理体系认证容易进入一种路径依赖，被锁定在既有路径中而无视来自不同维度的新威胁。采用运动式的方式获取 ISO 质量证书，前后往往需要 1 年到 1 年半的时间[②]。如果无法真正贯彻到日常流程中，那么认证结束之后，原来被临时压制的习惯就会反弹，证书很容易就变成了"假文凭"，这也是质量退化中常见的一种现象。

第六节 安全事故

质量并非只以正面示人，它的背面也会呈现出吞噬企业的能力。安全

---

① 牛兴荣、王连生编译：《日本实行 TQC 和 ISO9000 的效果比较》，《农机试验与推广》，1998 年第 2 期，第 33 页。

② 韩福荣：《现代质量管理学》，机械工业出版社，2021 年，第 292 页。

问题，就是其中的一种。它呈现的冲击力，比任何的道德说教要激烈得多。

曾经的三鹿奶粉事件，是中国质量史上一个惊人的反面案例。2008年，石家庄三鹿集团生产的婴幼儿配方奶粉发生三聚氰胺污染重大食品安全事故，一经曝光全国哗然。在当年年底，全国累计报告因食用问题奶粉导致泌尿系统出现异常的患儿近 30 万人。毒奶粉的震撼力，就像是一次小型核弹爆炸，让人们无法在质量的沦丧面前保持平静。

2007 年，中国开展了为期 4 个月的全国产品质量和食品安全专项整治行动，也成立了由国务院副总理牵头领衔的产品质量和食品安全领导小组。在 2007 年 5 月，针对中国食品质量问题，美国媒体也提出了诸多批评，弥漫着一股"中国食品威胁论"①。可以说，当时的质量问题处境已经如架在火上的烧烤了。

而就在 2005 年，"三鹿"品牌被世界品牌实验室评为中国 500 个最具价值品牌之一。2007 年商务部也评选其为最具市场竞争力品牌。"三鹿"商标，也已经被认定为"中国驰名商标"。

这次灾难，让一切荣誉化为乌有。人们开始对品牌评比产生了巨大质疑。十二年前一家酒厂在中央电视台竞争广告标王时用钱所砸出来的品牌影响力，后来被证明一文不值。而这一次对三鹿的质疑，掺杂着的巨大问责，远超于当年。

这件毒奶粉事件彻底挑战了人们的底线。2006 年，齐齐哈尔第二制

---

① 郑洁：《质检总局就"中国食品"威胁论展开危机公关》，《福建质量管理》，2007 年第 6 期，第 52 页。

药厂偷换原材料并且被检查科一路放行，导致病人注射劣质药品死亡的事件，也是当时轰动一时的重大医药灾难。这些追逐利润、胆大妄为的做法，引发了传统质量理论解释之外的思考，无疑将质量与道德更加紧密地绑定在一起。

万象更新、大干快上的巨流之中，也裹挟着泥沙俱下，这也许是社会快速进步的代价。这段时间正是呼唤法制、呼唤重典的时代。在利益驱动下，少数人居然与法律条文进行交锋[1]。

当时很多人认为这些事件是由于政府监管不力造成的，时任国家质量监督检验检疫总局局长也引咎辞职。由中国名牌战略推进委员会负责的品牌评选，也受到牵连，暂停工作。刘源张先生回忆了这两年的经历，对国家监管作用提出了自己的思考。1988 年成立技术监督局的时候，就是直接采用了苏联词汇。为了更明确，增加了"质量"二字。再后来，把检疫也加进来，成为国家质量监督检验检疫总局（简称质检总局）[2]。质检局，靠着事后监管，真的能够预防这样的质量事故吗？

那些成熟的国际企业巨头，是否就能避免重大的质量灾难呢？答案是否定的。2010 年 4 月，英国石油公司"深水地平线"号钻井平台在美国墨西哥湾州发生爆炸，导致 11 人死亡，并因原油泄漏造成了极大的环境灾害。事故的原因是英国石油公司的项目经理急于赶进度，水井周围的水泥来不及凝固，就进入了下一个工序。而承包商为了省钱，也没有

---

① 刘源张：《感恩录：我的质量生涯》，科学出版社，2011 年，第 281 页。
② 刘源张：《刘源张自传》，科学出版社，2014 年，第 251 页。

对其进行测试。这次事故花费了英国石油公司 100 亿美元，而检查水泥质量本来只需要花费 10 个小时和 13 万美元①。

在流程行业，安全是第一位的。这就不得不引出海因里希法则，这是 1941 年美国安全工程师赫伯特·威廉·海因里希（Herbert William Heinrich）的统计结果。在对 55 万起机械事故的统计中，海因里希发现死亡或者重伤、轻伤，以及无伤害事故的比例大约为 1∶29∶300。这个法则也被称为海因里希事故法则，它意味着每发生 330 起意外事件，会有 300 件未产生人员伤害，29 件造成人员轻伤，1 件导致重伤或死亡。小害频繁引大灾，或者说重大事故都是隐藏在小事故之中。

小事故为何屡屡被忽视，并导致重大事故的？瑞士詹姆斯·雷森（James Reason）教授开发的"瑞士奶酪模型"，说明事故是突破了多重防范系统所致。从瑞士奶酪模型来看，单一的失效其实很难对系统造成直接影响。人的存在造成了逻辑可能的缺口，而人的疏忽则容易使多个防范机制直接失效。人为造成的不确定性是干扰系统稳定的重要杀手。把人的天然影响降到最低，才可能减少干扰隐患，而稳定系统能够使得质量尽量不受干扰。

当然，质量事故的性质并不相同。但这些事故都有着同样的广泛的警示作用。它足以让企业管理者对于质量产生巨大的敬畏心理：作恶之心不可有，防险之心不可无。

---

① 詹姆斯·埃文斯，威廉·林赛：《质量管理与卓越绩效》，中国质量协会编译，中国人民大学出版社，2016 年，第 2 页。

第七节　好制造必有严质量

进入 21 世纪中国质量界第一件重要的事情，就是中国加入世界贸易组织，成为全球化制造的主导力量，产品实现了全球化。汽车行业作为工业化非常成熟的行业，成为巅峰之上的峰尖。当时令人担心的弱小的中国汽车业，迎来了全球汽车品牌的强势涌入。没有哪个市场曾经出现过如此热闹的局面。2001 年是中国轿车进入家庭的元年。所有的"6＋3"集团，即：通用、福特、戴克、丰田、大众、雷诺六大集团和本田、宝马及标致雪铁龙三家汽车公司，基本都在中国安营扎寨，通过合资的方式进入中国市场。如果说此前对于中国市场还有很多犹疑，尤其是日本汽车公司，那么在新世纪大门开启之前，这些汽车公司进入中国市场的准备都已经基本就绪。彼时，中国消费者的需求开始被关注，制造能力以肉眼可见的速度也在快速进化。这其中，质量自然是重点话题。中国制造车身的精度，是一个极大的挑战。这影响的不只是外观问题，还会引起风阻、异响、漏雨等众多质量问题。

曾经在美国底特律挽救美国汽车制造质量的 2 毫米工程，再次在中国被引燃。中国一汽、东风、长安等公司在 20 世纪 90 年代中期都派出了团队到美国底特律学习，但是照搬美国汽车企业方法的收效甚微。

这是由中国国情决定的。当时国内车企对于先进测量与分析技术并没有足够的重视。测量，其实是一个吸金兽。没有精准的测量，就谈不上对质量追求极致。这个道理，中国制造还需要很长的时间去认识。美国 2 毫米工程采用全激光在线的测试方法，价格昂贵，1 个测点需要 1 万美元，一个工位有 30 至 50 个点，这种代价过于昂贵，即使合资公司往往也难以承担。来自上海交通大学的林忠钦团队，采用了一个长短组合术，重新设计了 2 毫米工程。这种方法将原来的实时在线激光检测，跟传统离线的三坐标测量机数据有机结合，从而实现了小样本评估车身误差的全新创举，与此同时将其扩展到焊接、冲压等，全方位考察尺寸链的变化所带来的质量损失。这开启了中国汽车行业"尺寸工程"的序幕。

这套方法先是在上海大众的桑塔纳 2000 车型取得了突破。当时，上海大众合资厂依然靠的是标准化加样板技工的经验，对于上海交大的这种测量加仿真的方式并不以为然。但这种方法，的确快速解决了桑塔纳 2000 的后桥装配误差导致轮胎偏磨的问题，引起上海大众高层领导的注意。大众汽车公司每年都会在全球基地举行标杆评选，上海工厂初期总是处于垫底位置，即使采用了跟国外同样的设备也无济于事。但在开展 2 毫米工程之后，无论是桑塔纳 2000，还是大众 Polo，以及上汽大众的帕萨特，质量都得到了快速提升，并且进入大众全球工厂基地的领先行列。

不久，上海通用汽车金桥总部及沈阳、烟台等制造基地也开始应用这种方法，并取得了极大的成功。特别是从 2005 年之后，上海交大的中国版 2 毫米工程，在上汽通用五菱的柳州基地引入之后，让这个地处西南的工厂造车精度大幅度提高。质量，也成就了上汽通用五菱最知名的几款神车。

在中国质量发展的过程中，很多理论都跟国外保持着基本同步的节奏。例如早在 1978 年，对日本质量发展起到了决定性作用的石川馨就被请到中国来讲解，并将他在日本创立的大名鼎鼎的质量圈引入中国，这在中国质量圈比美国更早走红。美国质量大师朱兰 1982 年到北京的首钢公司讲学，引起了现场听众对质量的强烈反响，迫切认为政府高度重视质量管理。由于当时质量管理部门分散在各个部委的科技司里面，缺乏一个统一的管理质量的国家级机构。[①] 国家经济委员会同年就设立了质量管理局（国家技术监督局的前身）。

上海交大的汽车板精益成形技术（2 毫米工程），是学术界与产业界紧密结合的经典范例。整个中国汽车界的尺寸工程，都受益于这个产、学、研的结合，甚至拓展到了后来的大飞机、高铁、船舶制造等领域。中国版 2 毫米工程除了技术上综合使用了数据、仿真、测量，并且延伸到设计领域之外，另一个启发就是它对管理者的要求。这种方法，对于数据有着极大的胃口。它需要各个系统、各个部门的数据，很多权限需要更高级的领导授权才可以得到。例如，需要让车间的现场工程师能够查看设计师的数据以便进行比对，这意味着管理要融入其中。

这种实践超越了年代，后来还有百万级的 2 毫米工程，甚至发动机的 2 微米工程。随着物联网和大数据分析的崛起，更加丰富和海量的数据加入其中，意味着数字化质量的闪耀。

载人航天、探月工程，这些都是中国航天事业引人注目的业绩，其背后则是一套精细的质量管理系统。负责运载火箭研制的航天科技，都

---

① 刘源张：《刘源张自传》，科学出版社，2014 年，第 145 页。

是如履薄冰般抓质量。1996 年西昌发射长征三号乙火箭失败的 2.15 事件，仅仅由于一个电子元器件的失效，就造成星箭双毁。经过反思，科学的计算和经验总结让航天科技完善了质量体系，形成"质量归零双五条"的管理质量体系[①]，令人耳目一新。一方面，"技术五归零"，在技术上按照五条要求，形成技术归零报告；另一方面，在管理上按照五条要求，也形成"管理五归零"报告。"双五归零"清楚地展示了质量的双栖特征，它从来不会只躺在技术的轨道里穿梭，管理的轨道同样有它的身影。只有双管齐下，才能解决此前问题，并且杜绝此后重犯。2015 年，航天科技集团主导的《ISO18238 航天质量问题归零管理》成为国际标准，由国际标准化组织正式发布[②]。这期间也收到了来自德国、日本、美国等国家的 90 条建议。

"让世界爱上中国造"是格力电器令人印象深刻的一句口号，其背后的支撑则来自被格力称为"完美质量"的管理模式。它的基础是掺杂了大量工具的质量预防五步法，再加上类似 PDCA 的质量技术创新循环圈[③]，还有一个四纵五横的过程与系统。这个表达起来有点复杂的框架图，看上去像是一个旋转的压缩机，推动着一间房屋的空气循环。它融合了太多的因素，想要说清楚并不容易。但如果仔细看过去会发现，技术、过程、管理、系统，相互嵌套相互支撑，当然也有企业家的雄心浇

① 中国质量协会编著：《通向高质量发展的管理之路：全面质量管理在中国 40 年，1979—2019》，中国科学技术出版社，2020 年，第 130 页。
② 林喆：《"双五归零"中国航空航天的"传家宝"》，《大飞机》，2019 年第 10 期，第 17 页。
③ 中国质量协会编著：《通向高质量发展的管理之路：全面质量管理在中国 40 年，1979—2019》，中国科学技术出版社，2020 年，第 119 页。

筑其中。这是一个企业管理质量避不开的要素，单一的质量元素已经很难应对日益复杂的制造现场和日益挑剔的消费者。格力电气如此追逐质量，自然有强大的领导力作为支撑。2012 年格力电器总裁董明珠被任命为格力集团的董事长，她在这一年荣获了石川馨-狩野奖。这个以日本质量名人命名的奖项，终于迎来第一位女性获奖者。她语出惊人："对质量管理仁慈，就是对消费者残忍。如果没有质量做支撑，营销就是行骗。"

人自始至终都是质量的主角。中国质量先驱刘源张先生，提出了"质量三保证原则"：企业要用员工质量保证工作质量，用工作质量保证工序质量，用工序质量保证产品质量[①]。这其中，工作质量主要就是以六西格玛为基础，工序质量则是用 ISO9000 的标准规定企业必须要做的事情。而人的因素，则被放在了第一位。人，才是产品质量的源头，而人的多变性又必须通过各种方式来平衡。人的问题，并不完全是诚信问题。虽然刘源张先生也在倡导"质量源于诚信"[②]，但这都是朴素的入门要求。质量要发扬光大，远远不仅仅局限于道德的范畴。

第八节　等待新的理论明星

质量在中国呈现出分化的状态，少数优秀企业已经在质量方面有所

---

① 刘源张：《刘源张自传》，科学出版社，2014 年，第 259 页。
② 同上，第 268 页。

建树，但大量企业还需要对质量进行建设。质量，依然是中国制造的软肋。

实际上，在质量领域，中国企业早已有所行动。质量管理小组最为典型，它由刘源张在清河毛纺厂和北京内燃机厂率先发起，并引起越来越多的重视。而 1978 年石川馨亲自到北京，为内燃机厂讲解质量管理小组的实操。第二年中国质量管理协会（现在的"中国质量协会"）成立，质量管理小组的推广则是其重要的工作，一直持续进行。几十年来质量管理小组的工作风雨无阻从未停歇，中国质量协会在其中起到了定海神针的巨大作用。在 2010 年前，参加质量管理小组的人数达到 2000 万，几乎占企业职工人数的 16%。这样的质量改善小组，给中国基层普及了"两图一表"（排列图、分层图和对策表）的用法[①]，功不可没。

但是也有遗憾：参与活动的技术人员多，很少有管理层问津。质量就是效益，这一理念仍然不被大量企业一把手所认知。质量经常被当作技术手段，而非当作管理体系。美国企业的失败经历早就证明，质量管理小组不能只是一个班组的小圈子，而必须要接入总经理的大圈层。双圈驱动，质量才会有希望。如果质量管理小组完全被技术化，那么将难以取得大的成就。

这让人们看到一个事实：中国并不缺乏推动质量技术的理念，也不缺乏熟知质量法则和工程实践的质量技术骨干，稀缺的是依然是有着深

---

① 岳志坚主编：《中国质量管理》，中国财政经济出版社，1989 年，第 265 页。

刻质量观的企业家。只要一把手的质量意识建立起来，那些已经培养起来的数量庞大的质量精英们就会纷纷响应，掀起一场让工厂颠覆性的变革。企业一把手在质量意识方面的晚熟，可能会造成中国制造向上攀登的极大不确定性。

也有一个折中的方式，那就是形成高级的质量部门。2002 年中兴通讯公司成立了质量委员会，它可以直接向公司最高层汇报。有的历史往事现在才能理解，你说，1982 年摩托罗拉公司在总部设置质量评议委员会这样一个高级别机构是何等的有意义。而在 2010 年，华为公司成立了客户满意与质量管理委员会。这是一个横跨全公司的部门、由首席执行官直接领导的虚拟组织，打破了部门之间的透明玻璃。

只有一把手的脑海里有着浓厚的质量意识，才能更好地调兵遣将。

质量理论，正在变得复杂起来。质量管理与组织、战略、运营管理等，越来越难以区分了。2008 年质量管理顾问詹姆斯·R. 埃文斯（James R. Evans）出版了《质量管理》一书，对质量进行了全面性的总结。而在 2014 年的版本中，他则特意在书名中增加了"卓越绩效"，变成《质量管理与卓越绩效》①。作者解释道，"持续改进"和"突破性改进"是质量领域两个重要的概念，都跟企业的运营效率有关。而只有从组织的角度，才能充分理解实现"卓越绩效"的关键所在，进而推动全面质量管理。

---

① 詹姆斯·埃文斯，威廉·林赛：《质量管理与卓越绩效》，中国质量协会编译，中国人民大学出版社，2016 年，前言。

卓越绩效作为一个组织学的重要概念，与质量的关系早已经被注意到。它体现在美国波多里奇国家质量奖中，其中有一条很重要的标准是考察组织的有效性。从某种意义而言，与其说波多里奇奖是一个国家质量奖，不如说这是一个国家对组织的嘉奖：组织做对了，质量就做对了。尽管 2012 年起波多里奇奖已经不再被国会资助，从而成为第三方民间组织的奖项，但它照亮坎坷道路的历史使命业已完成，依旧神采奕奕地继续指引着制造业。

至此，质量的基石已经尘埃落定。人们完全可以确认，质量是一只三足鼎，由质量原则、工具与技术、组织全局所组成。组织全局混合了领导者的信念，以及能否用流程来固化经验的能力。外部人的知识复用往往体现在工具技术上，而内部人的知识复用则需要固化在流程上。质量，仅依靠人的行为，可能是不可靠的。即使在今天是可靠的，到了明天依然是不牢固的。人员流动、退休离岗都会像抽掉大墙砖石一样形成系统的松动。这就是为什么质量系统（其实也是制造系统）需要反复被审视的原因。它无时无刻不在退化的风险之中。

中国制造在价值链上要想迈向更高的台阶，对于这些质量理论的进化不可不知。回望 21 世纪以来的前十五年，质量理论的殿堂，难免让人感觉有点清冷。从 2000 年，六西格玛设计日趋成熟之后，质量理论似乎陷入了一个停滞的时代。2002 年迈克尔·L. 乔治（Michael L. George）出版了一本书名为《精益六西格玛》，算是关于精益六西格玛较早的著作。作为国内六西格玛标准的主笔者之一，天津大学何桢教授认为，国内对精益六西格玛的理解存在偏差，误认为它就是"质量＋速度"，这是对精益六西格玛的本质缺乏清楚的认识。实际上，国际上对六西格玛或精益六西格玛也没有一个所谓的标准定义，而国内标准也不再区分精益六西格玛与六西格玛，六西格玛本身已经和精益融合。如宝山钢铁股份有限公司于 2002 年提出"精益运营，追求六西格玛"的理念，并于 5 年内实施 1500 多个精益六西格玛黑带项目。长安汽车于 2015 年开始推行精益六西格玛，并在 2018 年将六西格玛设计导入研发体系，与 TRIZ 等创新设计技术进行融合。[①]

质量既然跟管理有关，咨询公司自然也应该有所作为。在总结了近 170 家公司的质量实践之后，麦肯锡咨询公司给出了质量成熟度的四个等级，分别是检验级、保证级、预防级和完美级，并给出了各种指标。这些指标用于考察质量对于企业经营成败的影响，[②] 但对于如何实现则谈论较少。

在 2012 年前后，通用电气与麦肯锡联手推动"面向价值的设计"（Design to Value，DTV），在"六西格玛设计"里面补上"价值工程"一页，让成本跟性能相互平衡。这使得企业的设计端不仅要考虑质量，也要更多考虑成本。

不过，这些理论基本都是一些修修补补的工程。质量的王国，没有了神话，也没有了英雄，只有实践者在现场无声地耕耘，间或有一些火

---

① 何桢、胡浩、刘海杰、于伟：《精益六西格玛理论研究与应用综述》，《工业工程》，2021 年第 5 期，第 5 页。
② 郭彬：《质量管理领导力》，机械工业出版社，2018 年，第 98 页。

星冒出，往往也只能照亮方寸空间。

质量宫殿难道已经十分完美，不需要任何新的质量理论补充吗？全球化制造仍然在高速发展，企业家英雄辈出，但质量大师似乎越来越少。在没有大师的时代，人们总会有所思念。

第七章

开启新质量思维（2015年后）

人世间数百万个闲暇的小时流逝过去，方始出现一个真正的历史性时刻，人类星光璀璨的时辰。
——奥地利作家、剧作家和诗人斯蒂芬·茨威格
（Stefan Zweig）

第一节　制造形态何处去

从制造业的发展趋势来看，2015 年似乎可以作为一条工业制造历史的分界线。但它日后是否被证明是一个标杆性的里程碑，当前还不能够回答。

2015 年，有重要的工业意义。这一年，德国提出的面向未来制造的"工业 4.0"开始火热起来，成为整个世界工业秩序的新旗帜。人们的视线都被它吸引，它带来的闪电般光芒激活了人们的心智。而它随后带来的响雷，则炸开了工业的传统边界。

制造业出现了许多让人们兴致勃勃的话题。人们发现，互联网、5G 通信、大数据、人工智能等技术，都和制造业比邻而居、穿门即到，边界不再成为问题。工业 4.0、智能制造或者工业互联网，这些包罗万象的概念，意义在于促进人们找到共识的最大公约数。它们搭建了一个极其宏大的屋顶和足够开阔的场景，五湖四海的人们纷涌而至，人们见到的科技闪电念念不忘。一种还无法说清楚的信念，似乎成为所有人共同的信念。屋顶之下的聚会变得拥挤、兴奋和迫切。而每个雄心勃勃的国家，都在筹划振兴工业的计划。

一些技术的边界被彻底打破，人们开始超越工业 4.0 的概念，思考全新的发展方向。数字化技术，无疑是令人醉心的选择。

2020 年突如其来的新冠疫情，打乱了各地的物流供应和生产计划，从而让制造的秩序变得混乱不堪。而疫情的影响，看上去并不会像路过的云雨一样飘然而过，它极有可能长久地驻扎下来。

全球分工制造的供应链秩序混乱和疫情导致的其它各种混乱叠加在一起，让运行良好的传统制造根基开始晃动起来，它需要找到新的稳定形态。

一边是技术的分解和重组，一边是外部因素的干扰和撕裂，供应链开始了各种扭曲。2021 年的芯片荒，不过是这种扭曲下令人焦虑的一个典型战场。美国、欧洲、日本、中国都启动了雄心勃勃的本土化芯片发展计划。它产生了让数字化相反的力量：数字化本来可以让分工更加专业、工厂可以更加四散分布。而本土化建设，则反其道而行之。一体化的整合工厂也开始回归。类似 100 年前福特汽车的胭脂河超级工厂，也开始重新受到欢迎。正如特斯拉的电动车生产基地，一向是以超大厂房而著称。但并非所有企业都向大工厂进军，日本汽车制造商则提出了"减半原则"，那就是只需要原来厂房的一半面积，仍然可以形成同样的产能，以应对低碳环保和经济性的要求。单位面积的厂房能够生产多少辆汽车，成为令汽车制造厂兴趣盎然的竞争力指标。

制造业未来的路径在哪里？

第二节　质量是条洄游的鱼

鱼类的迁徙活动，称为"洄游"。人们对于质量向善的探索过程，就像是一条逆流而上的鱼。最初从下游的检测开始，这是早期的质量检测阶段。它进一步上溯到生产的统计过程控制，这是由休哈特和戴明所完成的。而"向过程要质量"成为日本质量控制的名言。很快，这条鱼就会一跃龙门，升华到全面控制，各个部门都要参与，美国的费根鲍姆注意到了这一点。日本企业的实践，进一步深化了这种理念。朱兰在这方面居功至伟，它让管理质量成为一种信念，进入到管理者的脑海。通过田口玄一的健壮性设计方法，鱼儿继续往上游。然后这条鱼的旅程，来到了研发人员桌面，实现了质量设计和策划。理解这样的一个全过程，人们在工厂至少跨越了六十年，这是质量关口被不断前移的过程。

"质量源于设计"（Quality by Design，QbD）理念主要强调质量风险管理，即在研发阶段即可进行质量控制。既然质量之旅要回溯到源头，并且需要经历如此多的关卡，那么全面质量管理要成为全公司的行为就显而易见了。

质量设计会涉及到多人的协同，于是并行工程出现了。美国国家防御分析研究所在 1986 年对其给出了明确的定义[①]。它的基本思路就是向

---

① 久米均：《设计开发的质量管理》，张晓东译，中国质检出版社，2011 年，第 54 页，第 73 页。

上游进军，而时间分配上也一定要往设计阶段倾斜。对于质量而言，则是要把能够考虑的因素都放到前端去考虑。这就意味着，必须通过管理者之手，质量才能真正成为各个部门共同的主题。日本质量专家久米均否认了同步工程来自于日本而被美国发扬光大的说法。他认为，日本企业推行的同步开发，不过是从设计阶段向生产阶段的转移，而美国则是有意识彻底地追求同步化。

但并行工程并不是一味只往前端走，信息流也要往下行。生产车间应该同步得到开发方的信息，形成信息共享机制，这才是真正的同步化。二者信息需要交换，意味着不仅下道工序是顾客，上道工序也是顾客。就协同而言，制造部门要重视将上游的开发部门也当作顾客，并且主动提供信息反馈。

数字化技术让这些连接变得轻松自如，质量在各个节点之间的流动开始畅通起来。

质量改善过程，是一条洄游的鱼。一个企业，即使明确地了解这整个过程，但它还是难以阻挡质量执拗地呈现出退化现象。2015 年 9 月，美国政府监管部门对德国大众开出 180 亿美元罚单，针对的是后者在汽车尾气排放测试中舞弊。一瞬间众口铄金，德国质量形象一落千丈。2017 年 10 月，日本知名企业神户制钢所因为对未达标的铝铜制品的瞒报而公开道歉，日本质量形象崩塌，从日本汽车企业到 H-2A 火箭、三菱支线客机、新干线列车等都是受害对象。全球知名的质量优等生的表现，一时间让人们对它大跌眼镜。

对于质量而言，这是在慌张中寻求更好新秩序的年代。

第三节　从敏捷开发到敏捷质量

从质量检验到质量保障，是质量的一大飞跃。如果说质量检验是事后诸葛，那么质量保障就是事前诸葛。质量保障的目的就是预防质量问题的发生。质量管理包含的内容更广泛，它也是质量保障的手段。但无论质量检验还是质量保障，都是产品思维，其中找不到用户的影子。而敏捷质量则清楚地显示了用户的存在，从而高效、快速、灵活地满足多变的用户需求。

2001 年 2 月，在美国犹他州的瓦萨其山雪鸟滑雪场，包括杰夫·萨瑟兰（Jeff Sutherland）、肯·施瓦伯（Ken Schwaber）、阿利斯泰尔·科伯恩（Alistair Cockburn）等在内的 17 位软件开发领域的领军人物，讨论了正在实践的轻量级的软件开发方法。这些软件开发方法不同于传统的迭代和增量式的开发方法，而是进化式和适应性的。这种软件开发的演化进程，痕迹是清晰可见的。它包括了 1991 年出现的迅速应用程序开发，1994 年出现的统一进程与动态系统开发方法，以及 1995 年出现的以英式橄榄球争球队形 "Scrum" 命名的快速开发流程等。在讨论进行了一周以后，这些软件开发者发布了著名的 "敏捷软件开发宣言"。"敏捷"（Agile）一词开始在质量管理中被广泛认知和提倡。

敏捷软件的开发，大大早于敏捷概念的提出。而且，敏捷理念的孕育也不仅是在软件行业中，还在制造业中萌芽，甚至制造行业的敏捷理念早于软件行业。1991年美国国防部曾经面向21世纪制造业发展提出一项研究计划，由100多家企业参与，包括通用汽车、波音、IBM、摩托罗拉等15家著名的跨国企业和国防部科研人员组成核心研究团队。研究的目的就是制造企业如何利用现代化的技术、组织和管理手段，以更高的效率更低的成本响应用户日益多变的需求。研究计划历时3年，于1994年提出了《二十一世纪制造企业战略》，敏捷制造方法在其中被正式提出。

质量科学的实践，一直都是领先于理论，就像日本丰田的生产方式实践了三十年才被西方发现并命名为精益生产方式。同样，互换性的原理已经在第一次工业革命的末期被广泛应用于生产，但是在进入20世纪之后才广泛作为保证质量的手段。

敏捷宣言的一大作用就是把很多酝酿中的想法明确化、条理化。敏捷开发应该遵循的十二条原则，虽然冠名为软件开发方法，但对于制造业同样至关重要。

在软件开发行业，自然的开发流程是增量式、层级模式的，软件从规划到代码编写逐级递进。当软件规模越来越大的时候，这种增量式的软件开发模式就越来越笨重和缓慢。而且面对需求不明确、多变的情况，这样的传统开发模式就更难适应。同样，制造业的生产规模越来越大，而产品设计开发的过程越来越缓慢笨重。传统的汽车制造厂按照既定流程开发一款新车型往往需要4至5年的时间，而用户需求却灵活多变。而且，半导体器件在汽车的广泛使用，让汽车成为一个移动的计算机，它将跟随芯片行业每18个月就会更新的摩尔定律，这让汽车的开发周期不可能像原来那么长。

在敏捷的前提下，质量和质量保障的手段都发生了显著的变化。质量从以产品为中心转向了以用户需求为中心，从制造合格的产品、满足设定的用户需求，转变为可以灵活满足用户需求，而且能够实现对于复杂非线性环境的快速适应和高频改善迭代。敏捷质量出现了一些新的产品质量特性要求，比如可支持性、可扩展性、可用性、可配置性等。

敏捷质量对应着敏捷制造，也就是要在敏捷制造的环境下去理解和保障质量。传统质量关心的是从需求到设计到生产这样的线性流程，而敏捷质量关心的则是用户的真实需求、核心需求和外部环境变化等，这些是非线性的。

敏捷制造采取的方法往往是"最小可行产品"。"最小可行产品"并不是把所有产品功能都以最初级的方式实现，而是高质量地实现核心功能并打动用户。基本产品功能则可以停留在初级层面。这样做的目的，就是可以把精力集中在最需要的地方，赢得第一手反馈信息，然后迅速进入迭代循环。特斯拉电动车是个典型的例子。对于电动车，用户初期关心的核心能力就是续航，也就是充电一次可以行驶多少距离，这决定了电动车能否进入实用环节。从传统汽车制造厂的角度来看，特斯拉汽车早期的质量可以说故障频发、安全性能不佳、车身制造粗糙等。但这些传统质量的缺陷并没有阻碍特斯拉的快速崛起，这是一种典型的敏捷质量的看法。

组织必须进行重塑，才能适应敏捷质量的诉求。一些看得见的变化已经发生，诸如企业传统的成本中心、利润中心转化为用户中心、产品中心。而在信息技术的支撑下，企业组织的反射弧要越来越短，原有的部门疆界必须被打破。

上汽通用五菱的宏光 Mini 电动车，在 2020 年 7 月底上市之后一直处于大卖的状态。在新能源汽车的销量排行榜上，屡屡占据了全球单一车型的冠军位置。这么一辆爆款车，其背后的设计理念也值得深思。首先，它提前几年预设了"没有补贴也能盈利"的目标。其次，它在试车过程中根据用户的反应，果断地更改了产品定位。这些源自它在早期试车过程中，从社交媒体发现的用户倾向性，年轻人明显表达了更多的好感。于是宏光 MINIEV 的定位，从原来的定位，直接切换成"五菱少女"。如果没有数字化的手段、没有对用户的深度倾听，这辆车或许也就像流星一样一闪而过。然而，这背后需要一个非常敏捷的组织，才能发现这样一闪而过的信号。上汽通用五菱汽车股份有限公司全面推动直面用户"2C"（To Customer）的组织架构，压缩一切公司级别、供应链层级，就是为了让用户的声音传递进来，让组织中的每个人都能听到。"2C"可能是当今最有效率且容易记忆的战略理念了。

在外部需求多变、不确定、复杂和模糊的时代，如何让生产系统可以经济地适应？这就需要生产系统具备敏捷的能力。而敏捷质量如何体现，还需要时间来回答。

第四节　早鸟质量

早鸟质量则是想鲜明地表达敏捷质量的最新发展动向。传统产品的上市，通常有一个经典的模式。例如从广告打先锋开始，新品预告、发布预热、小范围铺货、大批量铺货等。这个过程，其实一方面是在试探用户反应，另一方面是为工厂制造的产能爬坡留下缓冲期。这种产能逐次放大的过程，给现场工程师改善质量留下了时间和机会。

然而，随着互联网的销售模式诞生，尤其是近几年兴起的直播电商，彻底改变了这个传统套路。得益于苹果手机培养出来的消费者口味，整个电子行业都在发生如同快速消费品的倾向，手机、电脑，甚至电动汽车都有这样的趋势。在快节奏的快消品销售模式下，产品几乎没有预热阶段，也没有试卖的机会，要求"第一次就要大卖"。如果上市之时火爆不了，那这个产品也可能就永远火爆不了了。这就要求，产品的最初质量就要做到最好，不能有太大的质量瑕疵。一旦有首批用户口碑导向差评，就会引起灾难性的雪崩式连锁反应，根本就没有机会让产能爬坡。

这意味着，一个产品要在产能还没有爬坡、工艺还没有完全稳定的时候，第一次亮相的质量就要做到至善至美。这种现象可以称之为"早鸟质量"：质量不再是全生命周期要考虑的事情，首批出货的产品质量需要采用一种非常规的方式来加严处理。同样，直播电商往往会出现脉冲式销量，垂直上升的订单需求，需要企业去应对"悬崖订单"下的质量。电子商务越发达、自媒体社区越活跃，早鸟质量也就越容易出现。

早鸟质量，无疑会增加成本和对生产柔性的挑战。如果说质量部的质量范畴为"小 q"，公司全员参与甚全包含供应链的质量称之为"大Q"，那么还需要有灵活的"超 Q"（超级质量）理念才能应对。超级质量需要更多地将用户的变化性包含进来。这些活跃的用户，不再是模糊的背影，而是更加活跃的力量，或者是挑衅者，或者是铁粉兵团。只有将用户纳入到企业战略之中，才可能一路凯歌，避免无意之中翻船。

这让人们重新反思"质量第一"的理念。日本武藏工业大学（现为东京都市大学）的今泉益正教授对"质量第一"有两个解读：首先，企业能够提供给顾客的，只有"质量"这个指标，其他的指标都是企业内部的，与顾客无关[1]；第二，反对一开始就以低成本大量生产拥有顶级质量的产品，尽管这是全面质量控制的终极目标。他认为，第一步应是生产高质量的产品，然后慢慢提高生产效率，并降低成本。重要的首先是生产出顾客满意产品的技术和系统，而抛开成本、数量和生产力的因素。只有达到顾客满意之后，再转向下一阶段：在不牺牲质量的前提下，以低成本大量生产。

如果考虑到超级质量的理念，那么质量就成为企业与用户的重要联结。好的质量，往往意味着利润滚滚而来。考虑到首批用户可能引起的连锁反应，新品上市一定要先把质量做得足够好，产品站稳后才能去仔细消化成本。早鸟质量，是一种尽早识别用户的战略性警报器。

1950 年戴明的制造系统，已经包含了顾客的力量。但经过六十年之后，消费者才真正挺起腰杆找到自己的话语权。借助于互联网和社交媒体的传播，终于可以入局了。制造商必须学会倾听这种语言。

---

[1] 今井正明：《改善》，周亮、战凤梅译，机械工业出版社，2021 年，第 46 页。

第五节　产品孤儿

绝大部分产品被交付给用户之后，往往就不再与制造商产生联系，而它似乎也被制造商遗忘。这种现象，可以称之为"产品孤儿"。这是工业革命以来无以计数的工厂造就的物理产品系统的典型生存方式。

只有在出现故障需要质保的时候，二者才重新搭建起那未必愉快的连接。导致产品"失联"最重要的原因是，产品从设计到制造全过程的信息基本停止了流动。它或许留在制造商那里，用户并不知道；或者产品运行的信息留在用户这一头，粗心的用户未必关注，制造商也无从了解。

"产品孤儿"，本质上是因为信息流的断裂而形成的。用户完成支付的一霎那，用户与制造商之间的连接强度立刻急剧下降。在二者之间，可能还有众多的分销商、代理商、安装队等，信息可能被彻底地打碎，七零八落、稀稀疏疏地留在不同层级的机构之中。

这种基本的产品流转路径和背后的信息流动，主宰了数千年的商品社会。而半个多世纪以来，设计工具和软件的大量使用让信息的流动变得越来越透明。与此同时信息流动不畅而导致物理资源的浪费变得令人瞠目结舌，信息的价值也开始备受人们关注。这样的认识，正在缓慢地得到强化。有了信息、模型、软件、数字样机的概念作为基础，一种更容易理解、更亲民的概念"数字孪生"开始登场。

美国国家航空航天局在 2010 年发布的《模拟仿真技术路线图》，最早在文献中明确提出了数字孪生的概念。数字孪生被定义为"集成了多物理量、多尺度、多概率的系统或飞行器仿真过程"。数字孪生是指现实世界事务的虚拟表现，致力于创建出真实物体、系统或过程的数字模型。它在火箭台上展开了非凡的实践。一座火箭和它对应的数字孪生，给予了人们直观的想象，并且真正形成了工程价值。然而，彼时的数字孪生，仍然是一个昂贵的奢侈品，或者说是一个高高在上的模型。它只能在非常有限的场合下工作。后来，通用电气航空公司将数字孪生进一步形成商业化应用，在 GE90 发动机中构建了数字孪生的模型。通过大量虚拟传感器和各种时序数据，形成了庞大的数据流，并进行针对性地分析。发动机的远程维护变得更加可控，这是一个巨大而成功的商业模式。

那为什么到了今天，这个概念才开始变得炙手可热？这背后的有力推手，无疑要属于物联网。万物互联，这种野心也包括万物的影子。廉价传感器的普及、数字化技术的深度覆盖，让连接几乎无处不在。这也使得数字孪生不再限于学术概念，成为舞台中心的关键角色。

数字孪生的"生命"从什么时候开始激活？这诞生一刻的荣耀，并不属于它的制造商。它既不是从计算机辅助设计软件开始，也不是从产品数据管理开始；无论设计师、制造商赋予它多少丰厚的"嫁妆"（模型、数据库、算法等），它的生命都是从交付给用户的一霎那开始。它激活了制造商赋予它的全部信息，而这正是质量特性的关键所在。

在此之前，所有的动作都只是调试和准备。如果说，跟随新产品相伴而生的孪生，可以称之为"原装数字孪生"，那么围绕着已经运转的既有设备，也可以直接构建出"流通数字孪生"，它将指向更加明确的目标。

数字孪生就像是一个词条，从一开始的空白，到被添加了各种相关链接，这些网页会越来越多，相互之间的连接也会越来越复杂。它们记载着数字孪生的成长，而这就是试图记录物理产品每一刻真实状态的一种尝试。再看一个简单的场景：如果翻阅微信支付上的一笔笔流水，这些数字所形成的轨迹，其实就是以一种数字孪生的形态，记录了你的信用表现。

数字孪生，由于具备积累记录、仿真优化的能量，开始不断增长。作家尤瓦尔·赫拉利（Yuval Harari）曾经在书中提到：认知革命是让历史从生物学中脱离而独立的推动力，在此之前，所有人类的行为其实都是生物学的范畴[①]。数字孪生当然不具备生物体的特征，但如果以类比的方式来看，可记录、能仿真，也使得数字孪生从模型范畴中进一步分离，那么它的作用就更大了。

开发产品的全生命周期（包括交付后的使用、运维直至报废），一直是产品制造商非常感兴趣的领域。但是这样做的代价很高，只有少数高价值的产品才具有如此开发的必要性。然而物联网的普及改变了这一局面：一个产品被交付用户之后，由于网络的无处不在、数据传输的便利

---

① 尤瓦尔·赫拉利：《人类简史》，林俊宏译，中信出版集团，2017年，第35页。

性，追踪一个实体以及根据它的模型进行仿真都变得触手可得。

如果说"产品孤儿"是一个少言寡语的物理实体，那么数字孪生就是一个热情洋溢的饶舌者。要是不加以限制，就"说"个没完，海量数据是它拿手的产出。这些海量数据是对物理世界的描述、诊断、预测甚至预警。在特殊的情况下，这些数据也会触发实际的操作，从而控制物理产品。当然，这在工业领域中，往往会被视为危险的动作。

在传统的产品生产系统中，制造商与用户之间无法形成友好而持续的互动。一旦产品交付之后，运行数据就失去来源，持续的设计验证之路也被切断。例如，一个锅炉厂或汽轮机厂，将数亿元的设备交付给发电厂用户之后，基本上与用户就各奔东西了；如果发电厂未来某一天回来找主机厂联系，那往往是为出现的各种故障而要求修复而非提供产品的反馈信息。

数字孪生，改变了人们对一个产品工况的期待。例如一辆汽车或者一台机器，无论如何进行个性化定制，当它离开工厂之后，就会呈现为平均数的状态点。用户得到的机器形状、尺寸等，有可能是世界上唯一的，但机器的平均能耗、常规应用场景等都是被锁定在一个区间范围之内。机器设计参数会被提前设定为平均工况。原因很简单，信息流在产品交付的一霎那，就被切断了回路。制造商无法知道机器运行的实时情况。而数字孪生，让个性化定制进一步走向了应用的定制化。这将使得制造商有机会洞察用户使用情况的变化，质量比任何时候更容易成为取悦用户的利器。

格力空调 2012 年提出"没有售后服务的服务才是最好的服务"作为

质量零缺陷的目标[1]，这是一个非常严格的质量标准。但在数字化时代，或许这句话需要重新评估——这是一种针对"产品孤儿"的传统理念。而现在，或许人们需要重新考虑"数字孪生"的生命力：它变成了一个厂家的虚拟生物体，与用户更频繁地互动，会带来更多的价值。

第六节　数字化质量

质量是时代最近的回声。它的最新内涵与工业的进化程度牢牢地焊接在一起。在一个狂飙猛进的制造大时代，制造商也开始用各种软件武装自己。而数字化的技术手段，给质量提出了很多新颖的解决方式。

戴明很早就提出，恐惧会让操作员甚至管理者进行数据造假从而使质量管理恶化。更多的数据断裂则是来自分析能力的短缺。而现在，数据经过智能工具在线测量、直接上传，已经实现了自动迁移，人在很多时候会成为数据流动的旁观者，"防呆防错系统"已经进入到更高级的自主环节。质量工程，逐渐走向大数据分析，甚至智能化的质量控制闭环。

当年泰勒掐表计算的动作分析，现在已经采用了视频分析。通过捕捉人的姿态，对最佳操作的确定将变得十分轻松。同样的变化发生在石化、钢铁冶金等流程行业。长期以来，由于设计院、施工方、业主等各

---

[1] 中国质量协会编著：《通向高质量发展的管理之路：全面质量管理在中国 40 年，1979—2019》，中国科学技术出版社，第 117 页。

据一方，流程行业的"信息孤岛"情况严重，使得数据黑洞随处可见，也系统性地造成了质量恶化。而现在，通过数字化交付平台和数字孪生，数据的行踪被全方位捕捉，质量有了新的透视设置。

休哈特的统计分析理论，已经被使用了一百年。他当时是按照抽样检测的方式来完成统计的，例如至少 50 个，才能得出统计结论[1]。每 50 件检测一件，设定一个点，连续跟踪 7 个点，从而判断趋势。这种方法综合考虑了经济成本的因素。而在当下，很多数据完全可以全检，这导致连续 7 个点的数据趋同趋势非常明显，无法按照经典的理论进行分析。而且，多品种小批量的生产已经成为很常见的场景，很多生产批量往往达不到 50 件。联想电脑在合肥的联宝科技公司工厂，每天大约能接到 5 000 个订单，其中，85% 是个性化的，很多订单都不到 5 台。在这种情况下，传统控制图和抽样检验理论都无法胜任。

如何围绕着海量大数据寻找新的质量理论？其实，更早期的在线检测，或许早已经告诉我们，现在不是守株待兔的检验时代了。

同时，检测方式也完全突破了既有的模式。例如电机轴的表面缺陷，以往一般需要靠人眼来识别，而现在只要将它的震动转化成声音频率就可分析。感应的方式都不同了。视频、音频和图片的交叉配合，再加上人工智能的分析，使得机器披露的数据有了崭新的含义。

随着德国提出工业 4.0，美国也提出了质量 4.0 体系。质量 4.0

---

[1] 张根宝主编：《现代质量工程》，机械工业出版社，2021 年，第 360 页。

的标志是以数字化、智能化为基础的网联化，使生产者、消费者和产品三者紧密互联，从而对于产品质量的设计、保障和体验有了超越传统的认知和方法。质量 4.0 体系还处于快速发展之中，朱兰质量学院、美国质量学会等共同提出了质量 4.0 的十一维体系模型。

十一维模型的理念并不复杂。它在传统质量实践基础上增加了一个新的"连接性"的外壳，这一层外壳对技术、人员和流程三大方面给予了划时代的影响。三大方面又具体落实到十一个维度的变化，包括管理系统、文化、领导力、数据及其分析、可扩展性等。

这一层"连接性"的外壳对质量发展的推动作用丝毫不亚于数理统计工具对质量所产生的作用。例如，区块链的作用使得产品各个阶段的信息都能去中心化地被记录下来，无法被私自篡改。这样用户对于质量的信任就不一定非要来自于权威机构的认证，而是来自"铁面无私"的区块链记录。由此，供应链的协作也免去了那些繁文缛节的文档和手续流程，免检从一种荣誉的标志成为了整个协作链条浑然天成的特征。

有的企业正在尝试将区块链技术运用到产品的供应链控制当中，以杜绝假冒零件的冲击。利用不可更改的唯一性，在区块链中的企业生产的零件在每一个环节都会形成数字印章，而这些印章会形成一个零件的完整数字台账。不必了解零件的任何技术细节，台账本身就形成了可靠的完整的记录，具有去中心化、不可篡改的可信性和可追溯性，从而杜绝了假冒零件的可能性，同时也大大降低了生产各环节的检验成本。

尽管美国的质量学界一直努力地进行着理论研究，但是日益外流的美国制造业却无法为理论研究提供足够的支撑，以至于很多时候理论听起来头头是道，却看不见落地的案例。而中国大量机器轰鸣的制造现场是新质量理论研究的优良土壤，一些企业也在纷纷思考新质量体系。数字化、智能化和网联化固然成就了划时代的突破，但却忽略了质量的整个制造生态的属性。在传统的供应链中，除了最终产品的交付者，上游的所有环节都是"无名英雄"。而现在，新的质量生态可以让无名英雄站到前台，和最终交付者一起致力于对用户需求的更好满足。

例如，电动汽车的导航功能、自动泊车功能的供应商们，都可以让自己成为电动车平台的可选项，同时也可以让最终用户按需按时订购收费，用户的需求和反馈并不需要通过电动车制造商的转告，而是可以直达用户。导航功能模块和自动泊车模块都是由供应商提供，只是作为一个完整的模块可选项，而不是一定要安装和使用的必选项。用户有了选择权，产品有了多样化。

不断提升的用户个性化需求，让汽车生产商这样的规模性行业者应对乏力。有些行业喊了多年的实现个性化需求，但是卖出去的产品车还是千篇一律的样子。上汽通用五菱公司有了全新的实践，推出的宏光"MINI"电动车广受年轻人喜爱。经统计，75%的新车都经过贴膜、拉花、车衣等重新改动。大量的潮改车和售后服务新形态应时而生。既然如此，制造商何不在一开始，就为这样的用户举动留出空间呢？于是，上汽通用五菱公司改变了思路，借鉴了苹果的潮流手机壳、耳机壳等装饰配件的市场做法，开拓了汽车改装市场的新颖思路。企业不再埋头生产那些样式固定的产品，而是针对改装进行产品设计，提出了"面向潮改的设计"。设计师到售后维修店时调研贴膜时发现，如果车门缝隙留得太窄，贴膜则很难完成收边美化。于是，设计师回到电脑旁，重新设计这样的缝隙。它与 2 毫米工程，似乎有完全不同的思路：一个是缝隙要留大，一个缝隙要缩小。这是两种时代质量的力量在对峙，设计师需要重新做出平衡。所谓的"设计留白"一方面简化了产品设计与生产，降低了产品价格，提升了产品质量；另一方面，利用改装市场高效实现了产品的多样化和个性化。面向改装的设计让产品的改装性能得到优化，降低了改装的难度和成本。与此同时，它留出了新的作业指导书，将原本要在工厂里完成的质量要求，传递到后服务市场中去。一个产品的质量，需要在接力中完成它的使命，这是前所未有的质量现象。

质量的理论通常比工业的升级慢一拍，二者有着工整的对应关系。或许我们还需要更多的数字化实践，才能更好地掀开数字化质量的面纱。

第七节　百年质量天空

质量百年，从互换性、一致性的探索开始，到后来借助于统计学的翅膀，形成一门自由翱翔的质量科学。质量工具与管理思想交相呼应，让制造过程变得熠熠生辉。整个 20 世纪的质量理论，一波接一波，呈现出一个又一个优美而界限分明的流派。质量大师，就是制造业的编剧，他们准确地捕捉到了制造场景的故事内涵。

现代质量理论的根源，可以追溯到泰勒在 1912 年前后提出的科学管理理论，它强调劳动的专业分工，改进了操作的工种，从而让质量检验首次成为独立的岗位。20世纪20年代，贝尔实验室的工程师们找到了采用数学统计的方法，在制造过程中捕捉缺陷的产生。这两个事件的影响，直到今天依然可以在工厂里看见它们倔强的影子。

第二次世界大战期间，美国军方在一定程度上引领了质量标准化的发展。从1950到1979年的近30年间，日本制造导演了一场全球瞩目的质量振兴国家的大戏。质的天空上演璀璨的一幕，质量名家成为制造业亮眼的明珠。从20世纪90年代进入全球贸易化开始，并以世纪之交中国加入世界贸易组织成为重要的节点，质量需要满足异地制造这一全球大分工的特性。

质量被开始体系化，全球ISO质量证书的认证机构变得风风火火的时候，也难免有些庸俗化——批评者们认为它不过是一个及格标准而已。质量与卓越组织之间的关系也被深度绑定，企业家领导力更被看重。美国国家质量奖和中国质量协会的"全国质量奖"都体现了这一点。这期间，六西格玛在全球知名的首席执行官韦尔奇的大力推广下，名扬四海。而进一步面向新品开发质量的六西格玛设计，则成为质量理论组织起来的最后一次像样的登场。

至此，质量理论发展的动力，似乎有点衰竭了。中国有着数量庞大的工厂，而质量理论一向是需要现场的洞察力，这难免让人们对中国的质量理论贡献有所期待。数字化时代正在发出新的邀请。

随着各种数字化技术的导入，传统质量管理正在转变成数字化质量管理。一些应用了百年的过程控制理论，也有些步履蹒跚，力不从心。

那么，新的质量理论是什么？

最近几年，物联网和数字化技术，正在工厂里推动翻天覆地的变化。越来越聪明的机器和越来越短的用户反馈路径，都在呼唤着新的质量理论突破。中国拥有全球最多的工厂，海量的数字化技术的实践背后凝聚着制造的智慧，而互联网则将用户与企业更加紧密相连。用户与工厂无距离，这样的质量定义是什么？答案无限逼近，或许就在眼前。

工业互联网、低廉的传感器、多话而挑剔的顾客们，使得数字时代的质量又呈现了新的谜团，传统质量需要继续修正。

回顾百年质量的发展历史，群星闪过如云飞眼外，理论翻新如风过耳际。但有一种印象则似乎穿越百年，很容易沉淀下来，那就是：质量是企业家必不可少的项圈，而且戴上去就最好不要摘下来。当企业总裁决定把质量项圈丢给质量部的一刹那，往往正是懒政的开始。质量退化将开始蔓延。

优秀的企业，对于质量会有阶段性的更新。2015 年在华为公司质量工作汇报会上，公司高管认为华为的质量仍然聚焦在产品、技术和工程质量等领域。而质量是一个更广泛的概念，应该要建立一个大质量的管理体系。一个企业的质量战略，并不能让它基业常青，很多企业的质量战略会败落在其他战略的选择上，例如即使是优秀的质量战略六西格玛，也无法挽救通用电气在 2019 年之后的颓势。如果质量不能包含商业模式，那么当行业转向的时候，质量往往是最后一个下船的。无论是大质量还是小质量都有着天生的内敛性，质量战略仍然需要更大的创新能力支持。

如此看来，多元化的质量理论应用看来是不可避免了。一个企业或许需要单一的质量框架，但是不能用单一的理论。推行质量战略，多元化的包容非常重要。在那些国家质量奖的得奖企业之中，很多企业往往都不会只采用一种质量方法，而是采用多种方法来实现改进。质量，也从来不能只放在技术的盘子里去考量。质量，天生就是一个技术与管理的交响乐。

质量是一艘永远航行的船，间歇性停靠岸边，有的货品被抛出去，也有新的货品不断加入其中。即使再伟大的质量大师，也不能用一种质量理论体系包打天下。企业家作为质量的主角，则需要确定适合企业的质量框架，不必过于区分它们的差异，而是更要寻找它们的共性。

尽管管理艺术是人类共有的财产，但浸透了管理艺术和工程技术的质量却是有国界的。质量工程是跨行业、跨国家的，例如六西格玛从电子行业兴起，风靡整个行业。但质量管理则不同，它跟文化有着深刻的绑定。1960 年开始的日本政府的贸易自由化政策，得到了日本质量界迅速响应，"为了应对贸易自由化，就需要运用质量管理"[1]，依靠质量控制，制造出海外的高质量和低成本的产品，跟上自由贸易化的活动。这引发了日本质量的提升，并进而形成了一个国家的崛起

"质量控制"，不如说是"质量管理"。1968 年日本在箱根市举办的质量管理会上，特别强调了日本和欧美质量的差异，其中提到了一种很有

---

[1] 石川馨：《质量管理入门》，刘灯宝译，机械工业出版社，2021 年，第 21 页。

意思的现象：在欧美，50%～60%的供货方往往是势同水火的敌对关系，而在日本70%的供货方都是鱼水交融的朋友关系。

这意味着，质量是有国家特色的。每个国家都会有自己的国情，照搬理论只能解决自己的一部分问题。中国早已是制造大国，全球的大量工厂基地都在中国。而质量理论向来诞生于热闹的机器所在地。下一个重要的质量理论突破，应该会来自机器数据的使用。中国应该是这样一个最好的现场，中国制造质量或可拭目以待。

制造千秋，质量百年。此刻回眸之时，需要用更宏大的视角去理解质量是如何重塑国家的筋骨的。

质量是一个研究者的终极信念，它是跨越时空不分国界的交响乐。

质量是一个企业家终生的作品，它是闪耀用户心灵的熊熊火焰。

质量是一个国家制造传奇的总和，它是走向全球化的通用护照。

质量简史大事记

战国时期	《礼记·月令》最早记载了中国的质量管理制度
公元前 239 年	《吕氏春秋》记载了中国古代对兵器制造的严苛管理
1791 年	法国度量衡改革委员会定义长度基本单位为"米"
1800 年前后	现代"可互换零件"概念出现
1885 年	工商进修学校管理权由德国文化部移至贸易部，工商职业教育成为经济政策的一部分
1887 年	德国西门子公司创始人等推动成立了德国联邦物理技术研究院，即德国国家计量院前身
1903 年	英国标准委员会名称两个首字母所构成的风筝形象，作为电车轨道的英国标准标志出现
1907 年	德国贸易部推动法案，要求超过一万人的城市建立技校，培训工人在社会上立足
1912 年前后	美国出现以泰勒为代表的科学管理运动
1913 年	亨利·福特在高地公园工厂建立汽车流水线

1919 年	格罗皮乌斯在德国魏玛创建国立建筑学校，简称"包豪斯"，创立简洁工业风格
1925—1927 年	休哈特、朱兰、戴明都在西方电气公司推动质量工作
1926 年	英国统计学家罗纳德-费舍尔提出实验设计的系统方法论
1930 年后	道奇和雷明引入抽样检验方法
1931 年	休哈特出版《产品制造质量的经济控制》，阐述质量控制的基本原理
1940 年后	朱兰将"二八定律"用在质量管理
1940 年	戴明将抽样理论和统计分析方法，应用于人口统计
1940 年	美国军方制定战时生产标准
1942 年	统计质量控制原理被系统地引入到工业管理
1946 年	美国质量控制协会成立，后来改名为"美国质量协会"
1946 年	日本设立民间团体机构日本科学技术联盟，这是一个科技智囊与产、学、研相结合的机构
1946 年	国际标准化组织 ISO 成立
1950 年后	谢宁问题解决方法 Red X 出现
1950 年	日本科学技术联盟邀请戴明赴日讲解统计方法
1951 年	朱兰主编《质量控制手册》
1951 年	费根鲍姆出版《全面质量控制》，后来改名为《全面质量管理》
1951 年	日本以戴明捐赠讲义的版税，设立"戴明奖"，成为此后二十年日本企业界热衷奖项

1955 年	石川馨领导日本的"全面质量控制"运动
1955 年	中国国家计量局成立，中国计量科学研究院建院
1956 年	中国质量大师刘源张从日本回国到中国科学院力学研究所新建的统筹研究室工作
1957 年	田口玄一的田口方法大获成功，《实验计划法》出版
1957 年	美国电子设备可靠性咨询组（AGREE）对可靠性做定义，确定了可靠性工程的研究方向
1957 年	欧洲质量控制协会成立
1958 年	西方电气公司 3 000 名职工绘制了大约 5 000 张管理图
1960 年	中国出现第一部推广企业管理纲领的"鞍钢宪法"
1961 年	克劳士比提出"零缺陷"的理念
1961 年	费根鲍姆担任美国质量协会主席，他是该协会的创始人之一
1962 年	丰田开始引入"全面质量控制"
1962 年	石川馨开始推行质量控制小组
1963 年	中国第一机械工业部在大连的一次会议上，总结"三个三检验工作法"的质量理论
1965 年	原第七机械工业部成立可靠性与质量控制研究所
1968 年	石川馨出版《质量控制指南》，强调"日本式的质量控制"
1968 年	日本在箱根市举办的质量管理会，特别强调日本和欧美质量的差异

1970 年后	田口玄一将质量管理、数理统计和经济学与工程技术结合，创立"质量工程学"
1970 年后	拉姆斯-迪特尔提出"设计十诫"
1971 年	以学术研究为主的日本质量控制学会成立
1972 年	赤尾洋二教授和水野滋教授第一次提出"质量机能/功能展开"的概念。随后，美国人提出"质量屋"
1972 年	德国人马辛成立的"统计质量控制工作组"正式成为德国质量协会
1976 年	刘源张在北京清河毛纺织厂建立"质量管理小组"
1977 年	中国第一机械工业部通过电话会议，要求各个企业把"检验科"改为"质量管理科"
1978 年	中国先后成立国家标准总局和国家计量总局，发起中国第一个"质量月"
1978 年	日本制造业大约有 100 万个"质量圈"，涉及 1 000 万人
1979 年	中国质量管理协会成立，2001 年改名为中国质量协会
1979 年	菲利浦·克劳士比出版图书《质量免费》
1979 年	中国第一机械工业部大力推动"全面质量管理"
1979 年	英国标准协会在时任英国首相的要求下开发英国质量标准 BS5750，这是 ISO9000 的前身
1980 年前后	田口方法传入中国
1980—1988 年	全国质量管理小组从 4 万多个增加到约 211 万个

1980 年	美国全国广播公司播放"如果日本能！为什么我们不能？"质量专题片引起巨大反响
1981 年	石川馨出版《什么是全面质量控制：日本式质量》
1981 年	北京科技大学张公绪教授辅导桂林制药厂，提出一种新型的控制图
1982 年	狩野纪昭在年会上宣读《魅力质量与必备质量》报告
1982 年	摩托罗拉公司开始实施六西格玛
1982 年	中国国家经济委员会设立质量管理局；设立"国家质量管理奖"
1982 年	国务院对机械工业发展提出"三上一提高"方针
1982 年	中国机械工业质量管理协会成立
1983 年	戴明当选为美国国家工程院院士
1983 年	施乐公司向日本企业学习，启动"质量领先"，导入"全面质量管理"
1983 年	"质量管理小组"的代表被请入中南海，向总理进行汇报
1984 年	美国哈佛商学院的戴维·A. 加文（David A. Carvin）提出著名的"质量八维"理论
1985 年	海尔公司的领导当众砸烂 76 台次品冰箱
1985 年	《中华人民共和国计量法》颁布
1986 年	今井正明出版《改善》，提出基于飞利浦公司的全面质量管理

1986 年	在质量条例和立法中，"商品质量"被正式提出来，以区分原来的"产品质量"
1987 年	美国国会通过法令，以商务部部长马尔科姆·波多里奇的名字设立国家质量奖
1987 年	张公绪因新型控制塔，获得国家科技进步奖
1989 年	全国质量管理和质量保证标准化技术委员会（SAC/TC151）成立
1990 年后	美国国防部将系统设计定义为"健壮性设计"（Robust Design）
1990 年后	美国汽车界推行"2 毫米工程"
1991 年	欧洲建立欧洲质量奖，后来改名为卓越奖
1991 年	德国汽车工业联合会制定颁布汽车 VDA6.1 质量体系
1991 年	中央电视台在"3·15 国际消费者权益日"，现场直播质量节目，开始举办 315 晚会
1992 年	日本大约有 200 万个"质量圈"，牵涉 2 000 万人，范围从工业界拓展到服务业
1993 年	韩国三星集团正式启动"质量最优先"战略模式
1993 年	中国开始实施 GB/T19000 系列标准，等效于国际标准化组织的质量标准 ISO9000
1994 年	日本对进口大米设置的农药残留标准一共有 56 项，至 1998 年达到 104 项
1994 年	福特、通用等三大汽车公司在发布联合质量管理体系

QS－9000

1994 年	美国国防部、美国软件工程协会等共同开发软件能力成熟度集成模型 CMMI
1995 年	六西格玛成为时任通用电气公司传奇首席执行官韦尔奇的新宠
1995 年	由日本生产力中心设立日本经营质量奖
1996 年	中国国务院颁布《质量振兴纲要（1996 年—2010 年）》，第一个国家的质量振兴计划
1997 年	日本科学技术联盟采用"全面质量管理"代替"全面质量控制"一词
1998 年	潍坊柴油机厂千人大会，当场砸毁 300 台柴油发动机的废次品毛坯
1999 年	国际汽车工作组 IATF 向 ISO 国际标准化组织提交 ISO/TS16949 第一版。
2000 年	国际电工标准委员会认可日本的一个灯泡标准提案，此前该委员会只认可欧制的灯泡标准
2001 年	中国质量协会启动"全国质量管理奖"，2006 年更名为"全国质量奖"
2002 年	中兴通讯公司成立质量委员会，可以直接向公司最高层汇报
2004 年	中国发布《卓越绩效评价准则》国家标准（GB/T19580）
2005 年	上汽通用五菱的柳州基地引入上海交通大学的中国版 2

毫米工程

2005 年	联想将 IBM IPD 流程与 "Shift-Left" 理念相结合，开启全生命周期的质量管理体系
2010 年	华为公司成立客户满意与质量管理委员会
2010 年	美国国家航空航天局发布《模拟仿真技术路线图》，明确提出数字孪生的概念
2012 年	美国国会决定取消对于波多里奇奖的政府资助，而转向由私营机构进行管理
2012 年	美国软件工程协会将软件成熟度相关的活动，转移到卡耐基梅隆大学的 CMMI 研究所
2013 年	国家质量监督检验检疫总局（现为国家市场监督管理总局）开始举办 "中国质量奖" 的评选
2015 年	航天科技集团主导的《ISO18238 航天质量问题归零管理》成为国际标准
2015 年	质量认证体系——ISO9000 族标准，在新版中对一系列术语和定义更新了描述
2015 年	美国政府监管部门对德国大众的汽车尾气数据作假事件开出 180 亿美元罚单
2017 年	日本知名企业神户制钢所因为对未达标的铝铜制品的瞒报而公开道歉
2017 年	第七版《朱兰质量手册》中质量 "适合使用" 的定义被正式改为 "适目的性"

2020 年	中国召开全国首席质量官大会
2022 年	中国发布《中央企业合规管理办法》，要求中央企业设立首席合规官

后　记

这本书的写作是一次愉快之旅，就像是一次环球旅游，到处都是新鲜芬芳的花蜜。而这些芳香历经岁月，曾经在脑海里萦绕很久，终于有一天我决定把它们都放在一间屋子里。

这个过程中得到了很多质量领域的前辈和同仁的支持，很多人给我提供了图书的各种线索。这里向美国的贲霖先生表示真诚感谢，他那飘逸发散的思维和穿越时空的历史探望，加上他本身在质量工程的深厚造诣，给了我这个质量工程的门外汉很多帮助。

而北京桑特兰公司的韩俊仙女士，对我而言则是一位生动有趣的老师。她对于可靠性设计独有一套方法论，跟田口方法的田口玄一先生也有不少学术上的交集。她的谈话总是栩栩如生，而我总是记住了她形象的比喻，却忘记了技术内容的本身。

还要感谢的是英格索兰压缩机前质量总监邵凤山先生。已经忘了我们是怎么认识的，如今却成为未见面的忘年之交。从我们第一次电话开始，他似乎就对我这个半心半意的后辈倾注心血。他应该算是中国最早将"零缺陷"理念引入工厂的人之一，对"第一次把事情做对"有着执迷的信念。还要感谢重庆大学的张根宝教授，给我寄来了两大厚本与质量发展史相关的资料，让我进一步丰富了自己的知识。

上海交通大学中国质量发展研究院也是我心存感激的地方。毕业多年后成为母校的客座研究员的角色，感觉自己一下子距离学术殿堂又近了很多。这让我能从学术的视角，进一步看待质量从理论到应用之间的连接。

在写这本书的过程中，有机会近距离地观察了上汽通用五菱和联想集团的质量实践，花费了大量的时间进行了深度调研。虽然在书中着墨并不多，但这两家差异很大的公司，分别呈现了质量的开放性和体系性，令人印象深刻。中国制造有很多非常好的质量实践，等待更多有心人去挖掘，还要等待更多编剧和导演，来共同讲好中国质量故事。

还有很多人需要感谢。日本 SMC 中国公司的马清海总经理像是一个质量狂人，说话不到三句就会聊到质量上来。这家生产自动化执行机构的日本公司海外收入能够超过 75%，国际化程度惊人，而这家公司的质量密码也是来自对客户的深度观察。另外，感谢沈阳机床的王天宇提供了很多有意义的素材和建议。还要感谢云质的王永谦、隆基股份的胡继涛、罗克韦尔原哈尔滨工厂的邓常杰、施耐德电气原武汉厂长的孙凤晶、华星光电的副总廖炳杰、立讯精密的廖承学、菲尼克斯南京工厂的陈雷等，都给了我很多的启发和帮助。

质量其实就在身边，每本书、每个人都像棱镜一样折射出不同的色彩，每一个角度都很有价值。希望我正确地记录了这些色彩，让《质量简史》能帮助企业企业和各界关注质量的人士，认识质量的丰富多样的内涵。